지원주택 사람들

지원주택 사람들

지원주택은 지역에서 홀로 사는 것을 돕는 집입니다

마음대로

차례

들어가는 말 · 6

1장 지원주택이 있습니다

14 혼자 사는 집이라서 좋아요 · 김혜정

28 여성 노숙인 지원주택 현장 이야기 · 이주연

40 정신장애인 자립 생활 지원 · 차성근

52 영구임대주택 거주자를 위한 주거지원 서비스 · 최종환

61 사람과 마을을 잇는 이음하우스 · 최지선

2장 지원주택에는 사람이 있습니다

76   지원주택 일 년을 경험한 실무자의 고민 · 박준오

81   이 일을 언제까지 할 수 있을까 · 이아름

93   독립을 하신다고요 · 김은지

101   지역사회 돌봄 역량을 높이는 노인 지원주택 · 한선혜

113   지역사회에서 함께 살기 위한 노력의 결실 · 최영열

3장 지원주택에는 변화가 있습니다

126   나와서 살아도 괜찮아 · 김건우

137   일상 · 임소라

157   위기 청년을 위한 지원주택 · 장근우

167   자립 생활이 만들어낸 변화 · 하창수

176   집 없이 시작한 지원주택 사업과 작은 기적들 · 장현우

들어가는 말

여기에 실린 글들은 지원주택에서 어떤 일이 일어나고 있는지를 그곳에서 일하고 있는 사람들이 기록한 것이다. 지원주택 현장에서 경험한 실무자의 마음을 흔들었던 삶의 변화, 그들이 느낀 혼란, 해결해야 할 과제에 대한 이야기이다.

지원주택은 여러 가지 종류의 어려움 때문에 흔히 독립적으로 생활하기 어렵다고 여겨지곤 하던 이들이 지역사회에서 자립 생활을 할 수 있게 돕는 수단이다. 얼마 전까지만 해도 장애나 질병이 심한 사람은 자립 생활이 어려우니 시설이나 병원에서 생활하는 것이 당연하다고 여기는 이들이 많았다. 자립하지 못하는 원인을 당사자에게서 찾았다. 그런데 시설 등에서 생활하는 사람들의 규모나 기간은 나라마다 매우 다르고, 지역사회 자립 생활의 여건이 큰 영향을 미친다. 사회가 모두에게 자립 생활에 대한 권리를 보장하기 위해서 최선을 다해야 하는 이유이다.

지원주택은 실질적으로 자립 생활을 선택할 수 없었던 배제된 이들을 줄인다. 발달장애인, 정신장애인, 신체적 혹은 정신적 어려움을 겪고 있는 노인, 만성 노숙인, 위기 상태의 청년 등이 지원주택을 통해서 자기 집을 유지하면서 생활할 기회를 얻고 있다. 지원주택은 주거와 지원서비스가 결합한 수단이다. 저렴하고 영구적으로 생활할 수 있는 주택을 제공하여 주거와 관련한 부담을 줄이고, 이용에 장애가 없는 주택을 확보해야 한다. 뿐만 아니라 주거를 유지하면서 사회서비스 연결을 원활하게 하여 자립 생활과 관련한 어려움에 대응한다. 지원주택을 제공하기 위해서는 공공임대주택 등의 주택과 함께 지원서비스를 제공할 수 있는 자원을 확보해야 한다.

주거는 지역사회에서 다양한 사회서비스가 제대로 작동하기 위한 기반이다. 집 없이는 만성적인 질환에 대한 적절한 조치가 어렵고, 정신건강 문제는 악화하기 쉽고, 알코올 등 약물 남용에 대응하기도 쉽지 않다. 그래서 주거 유지가 지역사회 자립 생활의 기회를 보장하기 위해서 먼저 고려되어야 한다.

주거 우선 원칙에서 보면 '자립할 준비가 되지 않아서' 혹은 '자립 의지가 없어서' 집을 제공하는 것이 적절하지 않은 사람은 없다. 회복을 위해서는 우선 적절한 주거가 확보되어야 하고 그것을 유지하도록 지원해야 할 이들이 있을 뿐이다.

우리 사회에서 지원주택의 이념과 실천이 확산하고 있지만, 안정적인 틀을 갖추고 있지는 않다. 현장에서 진행되고 있는 새로운 시도의 의미와 해결해야 할 과제를 확인해야 할 필요가 큰 시기라는 뜻이기도 하다. 지원주택 실무자가 전달해준 입주자의 모습은 지역사회 자립 생활이 권리로 보장되어야 할 이유를 보여준다. 자립 생활에 대한 두려움과 걱정을 만든 것이 질병과 장애만은 아니다. 주변 사람들이 느끼는 불안에 공명하여 더 커지고, 몰이해로 받은 상처가 더 심각해진다. 하지만 자기 집에서 살면서 느끼는 행복감의 표현은 너무나 직접적이다. 듣는 사람의 우둔한 마음을 베어버리는 날카로움이 느껴진다. 그들의 유머와 삶의 회복력은 다시 놀란 가슴을 진정시킨다.

실무자 자신의 이야기는 마음을 졸이게 한다. 그들이 얼마나 버틸 수 있을지 걱정하는 이야기를 들으면 조마조마하다. 그들이 느끼는 혼란과 막막함을 줄이기 위한 신속한 대응이 필요하다는 의무감도 느끼게 된다. 하지만 적절한 거리를 두고 자신을 회복해가는 슬기로움을 보면서 무릎을 치게 된다. 같은 방향으로 나아가는 이들 사이에 존재하는 연대감은 분명 그들이 가지고 있는 힘이다.

지금 이런 이야기는 많은 사람이 경험하지 못했고, 아직 의심하는 이들이 있기에 더 특별하다. 현장에서 전달되는 변화의 진동을 느껴보면 또 다른 파장이 시작될지도 모를 일이다. 그동안 시설이나 병원, 거리를 선택하도록 강요된 이들의 삶을 짐작해보는 기회가 되면 좋겠다. 또 그들을 돕는 이들의 고민도 느껴볼 수 있기를 바란다. 우리 사회가 가진 공감 능력의 정도만큼 세상은 더 나아질 것 같아서다.

저자들을 대신해서
서종균

1장

지원주택이
있습니다

"이렇게 원룸에 제가 주인으로 혼자 사는 게 너무 좋아요. 혼자라서 걱정도 있지만, 여기서 오래도록 잘 지내고 싶어요. 일 끝나고 집에 와서 저녁 먹고 쉬면, '아~, 정말 좋다~' 라는 생각이 절로 나요. 내 집에 내가 혼자서 지낸다는 것이 얼마나 자유롭고 좋은지 모르겠어요."

"제가 바라는 것은 저희에게서 멀리 떨어져서 지켜봐 주시는 거예요."

지원주택은 특별한 곳이 아닙니다.
지원주택은 사람이 사는 집입니다.

몸, 마음, 관계, 생계의 어려움으로
자신만의 공간이 없었던 사람들이
홀로 서는 것을 돕는 집입니다.

지원주택만의 특별함을 찾을 것도 없고
시설과의 차이를 역설할 필요도 없습니다.

규모, 형태, 위치, 소유만 다를 뿐 집은
누구에게나 필요한 똑같은 집이기 때문입니다.

사람 사는 지원주택이 여기 있습니다.

혼자 사는 집이라서 좋아요

김혜정

나는 용인에 있는 정신병원에서 31년간 일했다. 병원에서는 해마다 한 팀씩 간호사들에게 해외연수를 시켜주는 제도가 있었다. 내가 처음으로 지원주택에 대해 들은 것은 아일랜드로 해외연수를 다녀온 동료들로부터였다. 10여 년 전쯤의 일이다. 그 자리에 있던 사람들 모두 우리나라도 그렇게 되었으면 좋겠다고 부러워했던 기억이 생생하다.

병원에서 일하는 동안 정신의학도 발달하고, 환자들에 대한 인권 의식도 다소 높아졌다. 하지만 좀처럼 바뀌지 않는 것도 있었다. 전통적인 장애인에 대한 지원은 신체적·정신적·심리적으로 '손상impairment'된 것을 회복시켜 장애인이 정상적인 기능을 수행하도록 '재활rehabilitation'시키는 것이었다. 이런 관점으로는 장애인의 다양한 삶을 고려한 개별적인 지원을 기대하기 어려웠다.

장애인 당사자의 역할이 커지면서 관점의 변화가 나타나기 시작했다. 장애인의 입장에서 시민의 권리, 인간다운 생활에 대한 보편적 권리가 존중되지 않는 현실이 고발되었다. 비자발적인 입원의 문제도 본격적으로 주목하게 되었고, 지역사회 자립 생활의 조건에 대해서 고려하기 시작했다. 2017년 정신건강복지법(약칭)의 개정은 이런 변화 과정에 나타난 사건이다.

정신장애인의 탈원화와 지역사회 정착이 강조되고 있지만, 지역사회에서 생활하는 정신장애인 중에는 주거를 구하고 유지하는 데 어려움을 겪는 이들이 많다. 이런 문제로 인해 노숙에 이르기도 한다. 지역사회 자립 생활의 여건은 열악하다. 서울시는 정신장애인의 지역사회 자립 생활을 위해서 지원주택 사업을 추진하고 있다. 주거 유지지원 서비스와 함께 임대주택을 제공한다. 지원주택에서는 '선택권'과 '자기결정권'을 존중한다. 자립 생활을 돕기 위한 서비스를 당사자가 주도적으로 선택하고, 이를 통해서 자립 생활의 능력을 강화한다.
2019년 여름, 사단법인 희망이음커뮤니티에서 지원주택 사업을 위해 전문요원을 구한다는 소식을 들었다. 여러 날을 고민하다 이력서를 제출했다. 그리고 학교 졸업 후 이제껏 몸담았던 병원을 사직하고 희망이음 지원주택에서 일하게 되었다.

우리 사회에도 있으면 좋겠다고 동경하던 일이 서울시 지원주택 사업으로 실현되고 있다. 경제 선진국, 문화 선진국에 이어 어느덧 복지 선진국에도 들어서는 듯하다. 지원주택 사업은 우리나라 복지정책이 나아갈 방향을 보여주는 이정표이다. 장애가 치료되기 전에는 자기결정권을 가지고 살아가기 어려운 사회에서, 장애를 지닌 채로 지역사회 구성원으로 생활할 수 있는 사회로 변화하고 있다.

희망이음 지원주택에는 정신장애를 가진 이들이 생활한다. 대부분 시설이나 공동생활가정에서 생활하다가 자기 집을 구해서 이사를 왔고, 혼자 생활하는 것은 처음이다. 저렴한 가격에 좋은 집에서 생활하는 것을 감사해한다. 잘 살 수 있을지 걱정을 하지만, 생활이 안정되고 건강도 회복되는 것을 경험하면서 자신감을 느끼게 된다. 편히 쉴 수 있는 나만의 집이 있다는 것의 의미는 크다. 그들은 말한다.

혼자 사는 집이라 좋아요

입주자들은 지원주택에서 처음으로 혼자 생활하게 된다. 특히 집단생활을 하던 이에게 혼자 사는 것은 큰 변화이고 두렵기도 하다. 정신질환 관리를 혼자서 잘 할 수 있을지 걱정이 크다. 하지만 두려움을 이기는 힘이 있다. 자신만의 공간을 갖는 것이 주는 행복감이다. 이런 지원주택을 유지하기 위해서 자기 자신을 관리하기 위해 더 신경을 쓰게 된다. 자기 관리 능력을 길러야 할 이유가 명확해진 것이다. 그리고 자기 생활을 관리하는 능력과 경험은 자존감을 강화한다.

"공동생활가정에서도 있어 봤지만, 혼자 지내는 건 처음인데, 좋아요. 여기서 잘 지내고 싶어요. 이렇게 원룸에 제가 주인으로 혼자 사는 게 너무 좋아요. 혼자라서 걱정도 있지만, 여기서 오래도록 잘 지내고 싶어요. 일 끝나고 집에 와서 저녁 먹고 쉬면, '아~ 정말 좋다~'라는 생각이 절로 나요. 내 집에 내가 혼자서 지낸다는 것이 얼마나 자유롭고 좋은지 모르겠어요. 외로움요? 전혀 없어요. 그냥 고요하고 평화롭고 좋아요. 가끔 상담실 와서 얘기도 하고, 전혀 외롭지 않아요."

"지원주택에서의 생활은 사회생활을 하고, 자존감이 회복되는 데 도움이 됩니다. 혼자 있을 때 시간 활용이 힘들기도 했어요. 약은 스스로 잘 먹고 있고, 약 먹는 시간은 1시간 정도 유연하게 복용해요. 예를 들면 저녁 7시에 정확하게 먹기도 하지만, 7시와 8시 사이에 먹기도 해요. 올해 행복했던 점은 새로운 나만의 공간이 생긴 것이었어요. 코로나 때문에 외부 활동이 제약을 받은 것은 힘들었지만."

"1인 1가구여서 마음에 들었고, 집이 새집이어서 좋았어요. 약물 복용을 잘못해서 입원까지 하고, 그게 제일 힘들었어요. 그래서 지금은 열심히 약 먹고 있어요. 2020년 행복했던 시간은 청남대와 문의재단 여행이었어요. 나에게 해주고 싶은 칭찬은 혼자 사는 것에 적응 잘해나가고 있는 거예요."

내 마음대로 꾸밀 수 있어서 좋아요

내 집, 내 방이 있고 그것을 마음대로 꾸미고 가꿀 수 있는 것은 사람을 신나게 만든다. 지원주택 입주자들에게 이런 기쁨은 그전에는 누릴 수 없었던 것이고, 그래서 더 강렬하다.

"혼자니까 편하고 자유롭게 다니고 내 방도 내 마음대로 꾸밀 수 있어서 좋아요. 여긴 신천지죠. 신천지처럼 좋아요. 근데 이제는 신천지라는 말도 못 하겠네요. 이 집이 너무 좋아서 맨날 신천지라고 했는데 그럼 뭐라고 해야 하나? 천국? 하하하~~ 신천지교회 때문에 신천지라는 말을 못 쓰게 된 것이 너무 속상해요. 혼자 사니까 날아갈 것 같아요."

"정말로 내 집에서 나 혼자 산다는 것이 얼마나 좋은지 모르겠어요. 나를 위해 가구를 사고 가전제품을 사고, 이런 것들이 뭔가 마음이 묘하면서도 너무 행복했어요. 시설로 가는 것 말고 이사라는 것을 처음 해보았는데, 힘들더라고요. 그래도 기분은 참 좋았어요. 이런 경험은 처음이었거든요."

어디 가서 이렇게 좋은 집을 구할 수 있겠어요

지원주택의 중요한 특징은 저렴한 공공임대주택이라는 것이다. 괜찮은 집에서 싼값에 살 수 있기 때문에 주거를 안정적으로 유지할 수 있다.

"대한민국에서 제일 집값 비싼 동네인 서울에서 내가 두 다리를 쭉 뻗고 지낼 수 있는 내 공간이 있다는 게 얼마나 좋아요. 힘들었던 것은 없어요. 코로나 때문에 사회 활동이 위축된 것이 아쉬워요."

"집을 영화관으로 만들려고요, 호호호~~. 큰 TV를 사려고요. 집이 너무 좋아요. 정말 너무 좋아요. 서울인데, 어디 가서 이렇게 좋은 집을 구할 수가 있겠어요. 저에게 30만 원이 큰돈이지만, 서울에서 어떻게 30만 원으로 이렇게 좋은 집을 얻을 수 있어요? 정말 집이 너무 좋아요. 우리나라 복지가 좋은 것 같아요."

상담실이 있어서 다행이에요

혼자 사는 것이 걱정스럽기도 하다. 외로움을 잘 견딜 수 있을지 또 자기 관리를 잘 할 수 있을지 걱정이 된다. 그런데 상담실이 있고 언제든 찾아가서 상의할 수 있다는 것이 얼마나 다행인지 모른다. 어려울 때 도움을 받을 곳이 있다면 버텨

낼 수 있다고 생각한다.

"혼자 사니까 너무 좋기도 하지만, 또 사실 걱정이 되는 부분도 있었는데, 상담실이 있으니까 좋아요. 말하고 싶을 때 얘기할 수도 있고, 예기치 못한 상황이 생기면 상담실에서 도와주시고요. 여기서 오래도록, 20년 꼭 채워서 잘 살고 싶어요. 이제야 내 세상을 가진 것 같고요. 제가 주인인 것 같아서 좋아요. 일반 사람들처럼 저도 잘 살고 싶어요."

"집이 너무 좋아요. 보통 사람들 틈에 사니까 그것도 너무 좋아요. 상담실이 있으니까 보호받는 느낌이에요. 집도 좋고 상담실도 좋고 보호받는 느낌, 의지할 데가 있는 기분이라서 좋아요. 여기는 제 집 맞죠? 나갈 때까지는 제 집인 거죠? 이렇게 좋은 집에서 혼자 살아본 적이 없어요. 정말 좋아요, 혼자니까 뭐 외로울 수도 있지만, 선생님들이 계시고 또 들어오는 사람들도 있으니까 너무 감사해요."

지켜봐 주는 것이 좋은 서비스

그렇다고 너무 많은 개입을 바라지는 않는다. 프로그램을 많이 하는 것을 원하지도 않는다. 멀리서 지켜봐 주는 것 정도의 도움을 기대한다. 초기에는 잘 몰라서 도움이 필요하지만, 새로운 환경에 적응한 이후에는 일상적인 지원에 대한 필요는 약해진다.

"집이 너무 좋아요. 여기서 오래오래 잘 지내고 싶어요. 제가 바라는 것은 저희에게서 멀리 떨어져서 지켜봐 주시는 거예요."

"너무 많은 프로그램은 안 했으면 좋겠어요. 말 그대로 혼자 독립해서 잘 살아가는 것이 목표니까요. 좀 멀리 떨어져서 지켜봐 주신다고 하시는 것이 맞는 것 같아요. 동네 사람들하고도 부딪히는 것 없이 자연스럽게 어울리면서 여기서 오래오래 잘 살고 싶어요."

"생애 처음 혼자 사는 집이어서 너무 좋았지만, 처음엔 혼자라서 좀 힘들었어요. 선생님들의 방문이 도움이 되었어요. 식사는 스스로 해서 먹는데, 특히 아침은 신경 써서 먹어요. 약은 한 번도 거르지 않고 잘 먹고 있어요. 집 안 청소를 깨끗하게 하고 방에 누워 있을 때가 정말 좋아요. 코로나 때문에 외출도 자유롭지 않고 회원들 간 모임도 원활하지 못한 것이 아쉬워요."

쉴 수 있어서 행복하다

집은 편안하게 쉴 수 있는 곳이다. 하고 싶은 일을 할 수 있는 자기만의 공간이다. 특히 시설 등에서 긴장된 상태에서 살았던 이들은 이런 자기 공간의 소중함을 잘 안다.

"저녁에 일을 끝내고 집으로 돌아와 쉬고 있으면, '아~~, 너무 좋고 행복하다!' 하는 생각이 들어요."

"너~~무 편해요. 정말 너~~무 좋아요. 지하에서 살다가 올라와서 좋고, 방음도 잘 되고, 넓고, 모든 것이 너무 좋아요. 길거리에서 살 줄 알았는데 혼자 사니까, 눈치도 안 보고, 안정적이고, 편하고, 집이 넓으니까 자유롭게 취미생활도 할 수 있고, 뜨개질이나 종이접기 같은 거요. 하이라이트도 있어서 반찬도 해 먹을 수 있고, 시장도 가까이 있고. 전 요리하는 것을 좋아하거든요. 이렇게 좋은 집에서 살 수가 있어 얼마나 좋은지 모르겠어요."

저희가 1기인 거예요

희망이음 지원주택이 생긴 지 일 년이 조금 지났다. 입주자나 가족들은 양질의 주택에서 독립적으로 생활하는 것에 대해 감사하고 만족해한다. 초기의 불안은 많이 사라졌다. 스스로 잘 살아가는 것에 대한 자긍심도 크다.

"독립된 공간에서의 생활이 좋았고 생활력도 더 발전한 것 같아요. 지원주택에서 생활하는 것이 행복하고 감사해요. 약은 잘 챙겨 먹고 있어요. 나에게 해주고 싶은 칭찬으로, 고생했다는 것과 기특하다는 거예요."

"그러니까 저희가 1기인 거예요? 스타트 멤버인 거죠? 그런 줄 몰랐어요. 저희 책임이 크네요. 우리가 모범적으로 살아야겠네요. 그러니까 선생님 말씀처럼 우리끼리 행복하게 잘 살면 그게 모범적인 게 되는 거지요? 뭔가 마음이 묘하네요."

입주자들은 지원주택이 만들어낸 변화의 의미를 이해하고 있다. 그래서 책임감도 느낀다. 희망이음 지원주택 회원들은 독립적으로 생활하고자 지원주택을 선택한 이들이다. 자신의 결정이 비슷한 처지의 사람들에게 미칠 수 있는 영향을 이해하고 있다.

지원서비스는 자립적인 생활 능력을 높이기 위한 것

아직 지원주택이 어떻게 운영되는지, 지원서비스는 어떤 원칙으로 제공되는지, 자립 생활과 자기 결정권은 어떤 의미가 있는지 등을 잘 모르는 사람이 많다. 그래서 오해와 반대에 부딪히기도 하고, 설명과 설득을 해야 할 때가 자주 있다.

지원주택에서 제공되는 서비스는 입주민이 자립적으로 생활하는 것을 돕기 위한 것으로 개인별로 계획하고 제공한다. 이런 서비스는 혹시 발생할 수 있는 모든 위험 요인을 없애지는 못한다. 입주자가 원한다고 무엇이든 다 해주는 것도 아니다. 각자의 자립 생활 능력을 강화하기 위해서 어떤 지원이 바람직한지 개인별로 고민하여 상황에 맞게 제공된다. 서비스를 계획할 때 입주자가 참여하고 코디네이터와 합의하여 결정한다. 입주자의 서비스 참여 여부가 임대차 관계에 영향을 미치지도 않는다.

입주자는 지원주택 외부의 지역사회에 있는 다양한 자원을 활용하여 더욱 풍요로운 생활을 할 것으로 기대된다. 입주자의 필요를 판단하여 적절한 지역사회 서비스를 이용할 기회를 확인하고 연결을 돕는 것은 서비스 코디네이터의 중요한 역할이다. 지역사회에서 제공되는 서비스를 선택하고 조정하는 주체도 입주자 자신이다.

이런 설명보다 더 명확한 것이 있다. 입주민들이 자립 생활을 선택해서 유지하고 있는 모습이다. 그들은 분명히 이전보다 더 나은 생활을 하고 있다. 그들의 증상이 완전히 사라지지는 않지만, 대부분 이전보다 더 안정된 상태를 유지하고 있다. 자립 생활을 유지하고 있고 새로운 시도를 하는 자신을 자랑스럽게 생각한다.

해결해야 할 과제도 있다. 충동적인 행동을 하는 사람이 있으면 대응이 쉽지 않다. 긴급한 상황에 대응하여 안전하게 조치를 취하는 것도 아직 어렵다. 상황이 지나고 남는 상처 입은 관계를 회복하는 것도 쉬운 일이 아니다. 이런 문제에 대응할 방법을 더 발전시킬 필요가 있다. 지역사회의 위기 대응 체계가 강화되면 문제가 줄어들 수도 있을 것이다. 또 지원주택에서 일하는 실무자들에 대한 지지 체계도 필요하다.

희망이음 지원주택에 입주하여 생활하는 회원들이 자신의 선택과 결정, 그리고 주도적인 역할을 바탕으로 삶의 가치와 존재감을 느끼며 지역사회에서 통합되어 살아가기를 바란다. 회원들이 지원주택에서 평범한 삶을 살며 그 안에서 행복을 느끼는 것이 지원주택 사업의 궁극적인 목표라고 생각한다. 돌아보니 30여 년 전 내가 처음 정신병원에 근무할 당시에 비하면 정신장애인에 대한 인권 의식과 복지 수준이 매우 높아졌다. 부러워했던 선진국의 복지 제도를 하나씩 실현해가고 있다. 희망이음 지원주택도 장애가 있어도 누구나 지역사회 구성원으로 생활할 수 있다는 것을 보여주며, 더 많은 사람이 지원주택의 혜택을 누릴 수 있도록 성공적인 모델로 자리 잡기를 바란다.

여성 노숙인 지원주택 현장 이야기

이주연

2016년 12월 7일은 내 인생의 전환점이 된 의미 있는 날이다. 남성 노숙인 시설에서 약 2년간 직업상담사로 근무하면서 여성 노숙인 문제를 접하게 되었다. 여성 노숙인의 현실에 대해 더 자세히 알고 싶은 마음에 기사와 논문들을 찾아보았고, 그들이 경험하는 특별한 어려움과 사회적 배제에 대해 공감했다. 그래서 사단법인 열린복지 열린여성센터에 지원했고 서울시 지원주택 시범사업 사례관리자로서의 직무를 시작하게 되었다.

서대문구에 소재한 5층 다세대주택 한 동 전체를 지원주택으로 이용하고 있다. 주택 한 호는 사무실 겸 커뮤니티 공간이다. 먼저 커뮤니티 공간에서 입주민이 공동으로 사용할 에어컨, 사무용 책상, TV, 냉장고, 세탁기, 전자레인지 등 살림살이를 장만하는 일부터 시작했다. 2016년 말 첫 번째로 5명이 입주했다. 전입신고를 도왔고, 동주민센터나 은행, 마트, 시장, 병원, 약국, 종교시설 등을 안내했다. 입주민이 자주 다니는 곳으로 가는 버스 노선도 함께 확인했다. 2017년 7월에는 17세대 전체가 입주했다.

서울시가 중심이 되어서 공공임대주택과 지원서비스를 위한 재원을 확보하여 실시한 지원주택 사업이지만, 몇 가지 추가적인 지원이 결합되었다. 노숙인 지원주택에 입주할 사람들은 목돈이 없어 보증금을 내기 어려웠다. 다행히 전체 세대의 임대보증금과 일부 초기 정착금을 이랜드사회복지재단에서 지원받아 입주는 순조롭게 진행될 수 있었다. 또한 서울사회복지공동모금회의 지원으로 입주민 간 관계 형성, 안정적인 지역사회 정착을 위한 입주민 워크숍, 나들이, 공동밥상, 텃밭 조성 프로그램 등을 진행했다.

그들이 버티는 힘

2021년 2월 현재까지 지원주택 씨드하우스에 거주했던 입주민은 총 28명이다. 30대부터 60대까지 연령대도 다양하다. 그들은 지원주택 입주 전 노숙인시설, 고시원, 공동생활가정 등 일반적인 주택이라고 보기 어려운 곳에서 불안정한 생활을 했다. 한 번도 제대로 된 집에서 생활해보지 못한 사람도 있다.

2018년 4월 '서울특별시 지원주택 공급 및 운영에 관한 조례'가 제정되면서 서울시 지원주택 사업은 안정화 되어갔다. 사례관리자라는 명칭도 서비스 코디네이터로 변경되었다. 서비스 코디네이터는 입주민이 지역사회에서 독립적으로 생활할 수 있도록 조력하는 역할을 한다.

서비스가 제공된다고 바로 문제가 모두 사라지는 것은 아니다. 정신질환과 오랜 노숙 생활로 일상의 틀을 잃어버린 입주민들은 입주 후 적응에 어려움을 겪기도 했다. 자신의 삶을 계획해 나가는 것은 낯설고 두려운 일일 수 있다. 다각도의 지원을 하지만 모두에게 안정된 일상을 바로 보장하지는 않는다. 절대적인 시간이 필요해 보인다.

지원주택에서는 크고 작은 갈등이 빈번하게 발생했다. 층간 소음에 더 예민하게 반응하기도 하고, 정신과적 증상이 불안정하게 나타나는 시기에는 위태로운 상황도 발생한다. 뿐만 아니라 알코올 문제가 있는 입주민으로 인한 폭행도 있었다. 그들의 공동체 생활은 절대 순탄하지만은 않았다.

주택에서 퇴거한 사람도 있다. 독립생활에 대한 자신감이 생겨 지원서비스가 결합되지 않은 일반적인 주택으로 이주한 경우도 있고, 정신과적 증상이 안정되고 가족 관계가 회복되면서 가족과 재결합한 경우도 있다. 반면 입주민 사이의 갈등이 심해져 퇴거한 이도 있고, 건강 문제가 악화하여 퇴거하기도 했다.

4년 이상 지속해서 주거를 유지하고 있는 입주민들도 있다. 그들은 양호하고 안정된 주거가 일상의 회복에 미치는 영향이 크다는 것을 보여준다. 신체적, 정신적 건강을 위해 스스로 노력하고 있고, 같은 아픔을 겪고 있는 이웃들과 정서적 지지를 해가며 버티고 회복하는 힘을 기르고 있다. 그리고 그들의 곁에는 예상치 못한 어려움이 발생했을 때 의견을 구하고 도움을 받을 수 있는 사회복지사가 있다.

씨드하우스에 사는 17명의 입주민은 모두 정신적 어려움을 갖고 있다. 조현병이 10명으로 가장 많고, 양극성 장애가 3명, 분열형 장애, 우울장애, 알코올 사용장애가 4명이다. 정신장애와 지적장애를 중복으로 가지고 있는 경우도 있다.

대부분의 사람이 입주 전보다 증상이 개선되었다. 안정적인 일상생활을 할 수 있을 만큼 정신과적 증상을 관리하고 있으며, 알코올 문제를 겪고 있는 입주민도 음주 상황 노출을 최소화하며 회복을 위해 노력하고 있다.

문제라고 여겨지는 상황도 있다. 병에 대한 자기 인식이 부족한 예도 있고, 환청과 망상 등 정신과적 증상이 불안정해지기도 한다. 이런 경우 오랜 시간 관계를 유지해 온 서비스 코디네이터가 위기 개입을 해서 심리적 안정을 찾고 대응할 수 있도록 돕는다.

힘든 시절 두고 나온 자식 걱정으로 위기 상황을 세 차례나 겪은 이도 있다. "선생님이 없었으면 집에서 혼자 지내는 나에게 환각으로 인해 무슨 일이 일어났을지 상상만 해도 아찔해요. 죽었을지도 몰라. 내가 아플 때 곁에서 도와주어 항상 고마워요."라고 했다.

정신질환의 무게를 견디며 살아가기

오랜 시간 거리 노숙을 했던 김정미(가명) 씨는 정신질환이 있다는 것을 받아들이지 못했다. 2017년 3월 입주할 당시 그녀는 엄마를 잃은 큰 눈망울을 가진 아이처럼 불안해 보였다. 정신질환 증상을 스스로 관리하지 못해서 노숙을 반복하다가 지원주택에 입주했다.

그녀는 예전에 물리치료사로 일했었다. 미국 유학 준비 중 비자 발급이 거부되었고, 그 이후 정신질환 증상이 나타났다. 정처 없이 거리를 배회하고, 밥을 먹지 않아도 배가 고프지 않고, 잠을 자지 않아도 졸리지 않았다. 가족의 지원과 정신과 치료를 받으면서 증상이 안정되었다. 2009년 가족들과 함께 남동생이 사는 미국으로 건너갔는데, 얼마 지나지 않아 정신과 증상이 다시 심해졌다. 2013년 혼자 귀국했다. 경제적 어려움을 겪었고, 여성 노숙인시설에 입소했다. 약물 복용을 거부하고 다른 입소자와 다툼이 잦아 결국 퇴소했다. 2015년 처음으로 거리 노숙을 했다. 낮에는 서울역광장을 돌아다녔고, 밤에는 인근 지하 보도에서 잠을 잤다. 위험하고 힘든 거리 생활이었다. 그해 9월 시립병원으로 응급 입원한 이후 정신건강을 회복했다.

2016년 물리치료사로 다시 일을 시작했지만, 스트레스와 약물 복용 중단, 증상 재발로 주택에서 퇴거하고 노숙을 했다. 거리 생활을 하던 중 노숙인종합지원센터 정신건강팀을 만나서 정신과 치료와 약물 관리에 대한 도움을 받았다. 이어서 서울역 인근 쪽방에서 생활하다가 지원주택 씨드하우스에 입주하였다.

그녀는 외롭고 슬퍼 보였다. 이야기를 나누다가도 하염없이 눈물을 흘리곤 했다. 가족들을 그리워했지만, 죄책감을 느끼고 있었다. 그래서 가끔 연락은 하지만 미안함 때문에 거리를 두려 했다. 정신질환을 겪고 있는 자신을 부끄럽게 생각했다. 새로운 생활에 적응하며 이웃들과 관계를 맺기 위해서 노력하지만, 그녀는 마음 한편을 비워두고 사는 사람 같았다. 그녀가 치유되는 과정에는 시간이 필요하다고 여겨졌다. 약 1년간 매일 3시간씩 걸었다. 걷고 또 걸으며 생각을 정리하고 부정적인 감정을 내려놓는 연습을 했다. 2019년 미국에서 남동생이 귀국하면서 가족관계가 회복되었고, 감정 기복이 줄어들며 점차 편안한 표정을 갖게 되었다. 현실을 부정하고 외로움으로 닫혀 있던 마음의 문이 조심스럽게 열리기 시작했다. 얼마 후 어머니도 귀국했다. 그녀의 집에서 여느

모녀처럼 함께 장을 보고 요리를 했다. 가족들과 함께 혼란스럽고 다사다난한 기억의 상처를 치유하는 시간을 가졌다. 가족의 지지와 안정적인 주거에 힘입어 그녀는 회복되고 있다. 대화하는 동안 예전처럼 눈물을 보이지 않는다. 한결 편안해진 표정으로 가벼운 미소도 짓는다.

처음으로 조현병이라는 의사의 소견을 들었을 때는 그 사실을 받아들이기 어려웠다. 평생 정신질환자로서 살아가야 하는 현실을 지금도 받아들이기 쉽지 않다고 한다. 지원주택에서 생활한 지 2년이 지나고 우울감 조절을 위한 약을 추가로 처방받았다. 마음이 한결 편안해짐을 느꼈고 생활 전반에 긍정적 영향을 주었다. "이제는 나의 병을 받아들였고 복약의 필요성을 느껴 스스로 증상관리를 하게 되었지만, 여전히 슬픈 양가감정이 들어요."라고 말한다. 본인과 가족들을 위해 현실을 받아들이려고 노력한다.

2020년 11월부터는 단시간이지만 물리치료사 일을 다시 시작했다. 오래 손을 놓아 두렵기도 했지만 이겨냈다. 불안감, 우울감, 좌절감, 죄책감을 다스릴 힘을 갖게 되면서 생활에 변화가 나타나고 있다. 그녀가 가진 인생의 무게를 견디며 소중해진 일상을 지켜나가고 있다.

변화에는 시간이 필요해

지원주택 입주민들에게 변화란 결코 쉬운 일이 아니었다. 정신질환 또는 알코올 문제를 조율하면서 익숙하지 않은 일상을 엮어가는 것에는 상당한 시간과 에너지가 필요하다. 속도는 느리지만 분명 그들의 삶은 변화하고 있었다. 독립적이고 쾌적한 주거가 기반이 되고 일상이 안정되면서 정신적인 어려움에 대응할 힘도 커졌다. 정신과적 증상을 인식하고 스스로 관리하는 습관을 갖기 위해 노력할 계기가 되기도 했다. 가족과의 관계가 회복되거나 입주민들끼리 서로를 지지하는 것도 삶의 버팀목이 된다.

주거가 안정되지 않으면 변화가 시작되기 어렵다. 노숙 등의 열악한 상황은 정신건강이나 알코올 문제를 발생시키기도 하고, 반대로 정신적인 문제가 가족이나 집에서 분리되어 병원, 사회복지시설에서 생활하거나 노숙에 이르는 원인이 되기도 한다. 노숙을 경험하고 정신질환을 겪고 있는 이들이 인간답게 살 수 있으려면 우선 집이 필요하다. 그리고 집과 함께 지원서비스가 제공되어야 주거를 유지하면서 변화를 위한 기회를 가질 수 있다. 주거와 지원서비스가 함께 제공되는 지원주택은 중요한 역할을 하고 있다.

우리 사회의 정신질환을 가진 사람들에 대한 편견과 차별은 강하다. 그렇기 때문에 정신적인 어려움을 가지고 있는 이들이 스스로 질환을 받아들이는 것, 그리고 자신의 문제를 숨기지 않고 적극적으로 도움을 받는 것은 어려운 과정이다. 특히 여성들에게는 더욱 녹록지 않은 일이다. 그들이 감내하고 겪어내야 하는 고통을 완전히 이해하기는 쉽지 않지만, 사회적 낙인과 소외, 차별에는 함께 대응해야 한다. 그들의 변화가 좀 느리더라도 혹시 실패하더라도 그러해야 한다.

지원주택 사업 확대를 위해서 보완해야 할 것

지원주택 사업이 앞으로 더 확대되고 안정적으로 추진되기를 바란다. 이를 위해서 준비해야 할 것이 몇 가지 있다고 생각된다. 첫째, 지원주택 위기 대응 매뉴얼이 필요하다. 정신과 증상이 재발하여, 알코올 문제 때문에, 신체적 건강이 악화되어서 응급하게 대응해야 할 상황이 종종 발생한다. 늦은 밤 응급실에 동행하고, 새벽 시간에도 상담을 지속하면서 마음을 진정시키고 적절한 도움을 받을 수 있도록 설득하기도 한다. 위기 상황이 발생하면 서비스 코디네이터들은 상당한 부담을 갖게 된다. 비상 상황에 대응하는 매뉴얼이 제작된다면 적절한 서비스를 제공하는 데 도움이 될 것이다. 나아가 서비스 코디네이터의 소진을 예방할 수도 있을 것이다. 둘째, 지역사회 차원의 서비스 체계가 강화되고 지원주택과 유기적으로 협력해야 한다. 지원주택 입주민들을 위해 지역사회 자원을 연결하고자 많은 시도를 하고 있다. 그러나 지역사회에서 정신적인 어려움이 있는 이들이 활용할 수 있는 자원은 부족하다. 증상이 악화되어 긴급한 입원치료가 필요할 때 가족의 도움을 받을 수 없는 입주민은 어려운 상황에 처할 수 있다. 응급상황에 대처할 수 있는 지역사회 정신보건 체계가 필요하다. 셋째. 지원주택 서비스 코디네이터의 안전과 인권 보호 대책 마련이다. 입주민 간 갈등과 위기 상황에 대응하는 과정에서 서비스 코디네이터들은 신체적, 언어적 폭력에 빈번하게 노출된다. 실제로 상해를 입는 경우도 있다. 서비스 코디네이터를 이런 위협에서 보호하기 위한 예방과 보호 장치가 절실하게 필요하다.

나의 작은 바람

옷깃만 스쳐도 인연이라는 말이 있다. 여성 노숙인 지원주택 입주민들은 내가 사회복지사로서 첫 인연을 맺은 소중한 사람들이다. 처음의 마음처럼 앞으로도 그들이 건강하고 평안하게 삶을 살며 진정한 자립을 이룰 수 있기를 진심으로 바란다.

정신장애인 자립 생활 지원

차성근

무장애주택이라는 말이 있다. 고령자나 사회적 약자들이 일상생활에 지장이 되는 물리적인 장애물이 없고 심리적 장벽을 느끼지 않을 수 있는 주택을 말한다. 일반적으로 장애인이 이용하기 불편하지 않도록 문턱을 없애거나 화장실에 미끄럼 방지 바닥과 손잡이를 설치한다. 궁금증이 들었다. 신체장애가 없는 정신장애인의 입장에서 무장애주택이란 무엇일까? 태화샘솟는집 이용자는 말한다.

"동네 사람들이 정신장애에 대한 편견을 가지고 있지 않아야 살 수 있어요."

"글쎄요. 집이 필요하겠죠?"

"지역사회에 살면서 소외되어 고립되지 않도록 신경 써주는 것이 필요해요."

주거란 편안히 휴식하고 일상생활을 할 수 있는 '물리적 공간'일 뿐만 아니라 이웃들과 한 지역사회의 평범한 한 구성원으로 살아가는 외로움과 소외를 느끼지 않는 '심리적 위안의 공간'일 것이다. 정신장애인의 경우 사회적 편견, 일상생활의 경험 부족, 증상 관리의 필요 등으로 높은 문턱을 느낄 수 있다. 그 장벽을 제거하기 위해 서비스가 제공될 필요가 있고, 이런 서비스가 제공되는 주택이 정신장애인을 위한 무장애주택일 것이다. 정신장애인이 집에서 생활하기 어려워서 병원에 입원하고, 퇴원이 어려운 것도 마찬가지이다. 집에서 생활하기 어려운 것이 질병과 관련된 이유 때문만은 아니다. 가족의 퇴원 반대로 시설에 입소했던 정신장애인은 말한다.

"그때 병원에서 퇴원해서 어... 집으로 오는 걸 반대해가지고. (중략) 제가 일 년인가 이 년만 채우면 집에서 오라고 이렇게 했었는데, 근데 이게 일 년이 가고 이 년이 가고 더 갔어요."

"아마 보호자나 의사가 그 저걸 안 해줬을 거 같아요. 동의를 안 해줬을 것 같아요. 제 생각에는 그래서 퇴원하기 위해서 주거시설이란 곳을 안 다음에…"

돌아갈 집이 없거나, 가족 관계가 끊어졌거나, 돌아가더라도 필요한 도움을 받을 수 없을 것 같아서 가족들이 퇴원을 원하지 않는 경우가 있다. 정신건강복지법 시행 이후인 2018년 국가인권위원회의 정신장애인의 지역사회 거주치료 실태조사에서 정신과병원에서 퇴원하지 않는 중요한 이유는 '퇴원 후 살 곳이 없기 때문에' 24.1%, '혼자서 일상생활 유지가 힘들기 때문에' 22.0%, '가족과 갈등이 심해 가족이 퇴원 또는 퇴소를 원하지 않기 때문에' 16.2% 등이다.

퇴원할 때는 지역사회에서 필요한 지원을 받을 수 있게 연결하는 것이 좋다. 그래서 대부분 퇴원 계획이 필요하다고 생각한다('매우 필요하다' 36.8%, '필요하다' 52.7%). 하지만 퇴원 시 안내를 받지 못하는 경우가 46.6%이다. 돌아갈 집이 없어도, 생활 관리가 되지 않을 것 같은 상황에도 적절한 지원을 받지 못하고 퇴원을 하는 경우가 많을 것이다.

그래서 퇴원했다가 금방 다시 병원으로 돌아오는 경우가 잦다. 2019년 보건복지부의 국가 정신건강현황보고서에 따르면 퇴원하는 중증 정신질환자 중 36.3%가 3개월 이내에 재입원한다. 지역사회가 정신장애인과 함께 생활할 준비가 되어 있지 않은 것이다.

정신장애인 등이 지역사회에서 생활하는 것과 관련한 걸림돌을 제거하기 위한 시도 중의 하나가 지원주택이다. 서울시는 2018년 4월 '서울특별시 지원주택 공급 및 운영에 관한 조례'를 제정했다. 자립 생활을 위한 중요한 변화이다. 병원이나 시설에서 나오거나 원래 가정에서 나와서 자립하고자 하지만 어려움을 겪는 정신장애인에게 좋은 대안이다. 이미 집을 구해서 거주하고 있는 당사자 중에도 지원주택 입주 조건에 대해 문의가 많은데, 그들도 충족되지 않은 욕구가 있다고 볼 수 있다.

하지만 아직 절대적인 물량이 부족하다. 서울시의회의 지원주택 공급확대 개선방안에 따르면 2020년 기준으로 서울시의 정신장애인을 위한 지원주택은 아직 16호에 불과하며, 매년 20호 정도씩 늘려나갈 계획이다. 수요에 크게 미치지 못하는 수준이다. 또 공공임대주택을 지원주택으로 활용하기 때문에 입주할 수 있는 소득 기준을 충족해야 한다. 따라서 모든 계층을 대상으로 하지 않는다. 지원주택의 물량과 대상은 더 확대될 필요가 있다. 그리고 개개인의 욕구에 맞게 필요한 서비스가 제공되게 하려면 어디에 거주하든 관계없이 자립생활을 지원하는 서비스를 받을 수 있게 할 필요가 있다.

'샘솟는집'의 자립지원 경험

태화샘솟는집은 정신장애인 주간재활시설이다. 1993년 가족과 함께 살 수 없게 된 한 이용자가 있어서 시설 인근에서 하숙하면서 혼자 살아갈 수 있게 지원했는데, 이것이 샘솟는집 주거지원서비스의 출발이었다. 지원주택을 시작하기에 앞서서 지원주택에서 제공되는 것과 비슷한 성격의 지원서비스를 제공했다.

주택을 구하는 것도 쉬운 일은 아니지만, 사소하게 여길 수도 있는 것들이 정신장애인에게는 큰 걸림돌이 되기도 한다. 옷을 보관하는 것, 다리미를 사용하는 것, 밥을 짓는 것, 형광등을 갈고 변기가 막혔을 때 뚫는 것, 혼자 잠을 자는 것 등을 해결하지 못해서 자립 생활을 유지할 수 없는 경우가 있다.

주거지원서비스는 이런 어려움을 줄이는 역할을 한다.

주거지원서비스에 대한 필요는 개인마다 모두 다르다. 매년 독립해서 사는 이용자들의 집을 찾아가고 욕구를 확인하고 정기적으로 모니터링하면서 계획을 세우고 바꾸어 간다. 대부분 자립 생활을 시작하는 초기에는 새로운 환경에 적응하기 위해서 집중적인 지원이 필요하다. 이후 취업을 위해 기업과 연계하고 일자리를 유지하도록 돕는 것, 건강을 유지하기 위한 지원, 같은 지역에 사는 동료들과 자조모임을 하고 서로 도움을 주고받는 것 등 다양한 내용이 계획에 포함된다.

"그렇게 같이, 가까이 사니까 저도 외롭지도 않고, 같이 또 어울리니까 기분도 좋고, 그니까 뭐 이웃 주민이라기보다도 그냥 뭐 형, 동생 이런 식으로 지내니까 그게 참 편하고 좋더라고요. (중략) 이제 서로가 서로한테 저는 힘이 되어줄 수 있다고 생각해요. 왜 그러냐면 정신장애인들이 일반인하고 어울리기가 힘들어요."

"지금 여러 초대한다고 해도 뭐, 어, 사람이 많이 와서 북적여서 좋은 거보다는, 음... 내가 기분이 좋을 때, 아니 기분이 나쁠

때나 안 좋을 때나 좋을 때나 같이 나누거나. 행복은, 행복을 두 배로 이제 피우거나 아니면 안 좋으면 반으로, 그 어려움을 반으로 나누거나 할 수 있으니까 좋은 것 같아요."

자조모임은 월 1회 진행하는 프로그램의 의미를 넘어섰다. 자발적으로 운영되는 소모임이 되었고, 참여자들은 서로에게 기쁨과 슬픔을 함께 나누는 이웃이자 동료가 되었다. 생애주기에 따라 참여할 수 있는 프로그램도 있다. 50대 이상 이용자를 지원하기 위한 건강관리와 웰다잉, 20~30대는 대학 생활을 경험하고 누릴 수 있도록 돕는 것, 처음으로 정신질환 진단을 받은 20대 초반 정신질환자에게는 본인의 질환에 대해 이해하고 컨트롤 할 수 있게 돕는 것 등이다.

자립생활은 삶을 확장시킨다

자립 생활을 지원하는 서비스를 받는 이들은 비슷한 처지의 다른 정신장애인에 비해 지역사회에서 안정적으로 거주한다. 샘솟는집에서 주거지원서비스를 받는 이용자들은 지역사회에서 안정적으로 생활할 가능성이 훨씬 높다. 전체 정신장애인의 입원기간이 131.5일인 것에 비해 샘솟는집 자립회원의 입원기간은 39.4일로 1/3 정도 밖에 되지 않는다. 40명의 자립회원 중 7명이 입원을 경험했고, 그중 2명은 신체적인 질환으로 인한 입원이었다. 또한, 일반적으로는 한 달 내 30%의 정신장애인이 재입원하고 있는데, 샘솟는집에서는 40명 중 한 명도 재입원 경험이 없다. 안정된 주거를 유지하기 위한 지원서비스의 효과가 확인된다.

전체 정신장애인의 고용률은 11.6%에 불과하고, 전체 장애인 고용률 34.9%보다 현저하게 낮고 장애 영역 중 최하위를 기록하고 있다. 중증장애인 고용률 20.9%에도 크게 미치지 못한다. 샘솟는집 자립회원의 고용률은 57.5%로 전체 정신장애인의 다섯 배가 넘는다. 일은 소득과 경제적 안정 이상의 의미가 있다. 생활에 규칙을 부여하고 건강한 삶을 유지하는 중요한 기반이다. 정신장애인이 지역사회에 적응하고 생활을 유지할 수 있도록 지원을 받고, 취업 등과 관련한 도움을 받으면 자립 생활을 유지하면서 더 나은 삶을 살 수 있다.

 "이사를 하는데 옆집 이웃 사람이 반가워해 주시는 거예요. 저도 덩달아 반갑고, 고맙기도 하고"
 "일단 혼자 잘 살라고 하는데 그건 너무 어렵고... 내가 암만 생각해봐도 말이 안 되는 소리 같고, 같이 더불어서 사는 게 제일 나은 거 같아요."

서비스 이용자들은 자립생활을 하면서 삶의 영역이 확장되는 경험을 한다. 언젠가 떠나야 하는 기간이 정해진 시설이나 불안정한 거처에서는 지역사회에 대해 관심을 두기가 어렵다. 관계를 형성하기 위해서 노력할 필요도 느끼지 못한다. 하지만 안정적으로 살 곳이 정해지면 슈퍼마켓 주인, 옆집 사람 등 이웃과 얼굴을 익히고 인사한다. 지역의 동료 이용자들의 자조모임도 중요한 의미가 있게 된다. 지역사회에 뿌리를 내리면서 삶의 가지가 뻗어 나가는 것이다.

"처음에는 혼자 있으니까 외롭다 하는 느낌도 들었는데, 그때부터 자유가 있어가지고 좋았죠. 내가 눕고 싶음 눕고, 일을 하고 싶음 일을 하고, 밥 먹고 싶음 밥 먹고, 설거지하고 싶을 때 설거지하고. 근데 그렇게 큰 자유는 없었어요. 왜냐하면 그때가 제가 풀타임 근무를 했었기 때문에 갔다 오면 밥 먹어야 되고, 설거지해 놓고 자야 되고, 그럼 또 아침이 되면 나가야 되고, 저녁 늦게 일해가지고. 그것도 근데 어떻게 보면 나로 인해서 생긴 규율이었어요."

"일단 혼자 지낼 수 있는 것도 좋은 점인 것 같아요. 그 정해진 규칙이 내가 그게 흐트러지는 점도 있지만, 그래도 좀 피곤하고 힘들 때는 더 누워 있어도 되고, 잠이 정말 안 올 때는 티비도 그야말로 볼 수도 있고, 먹는 것도 자유가 주어지는 것. 가장 좀 문제점이 될 수도 있지만, (중략) 혼자서 잘 지낼 수 있게 도와주면 혼자 지내는 게 가장, 성인이니까 아이가 아니잖아요."

이용자들은 특히 자유에 관한 이야기를 많이 한다. 내가 하고 싶은 것을 할 수 있는 자유부터 먹고 싶은 것을 먹을 수 있는 자유, 보고 싶은 TV 채널을 볼 수 있는 자유까지 다양하다. 자유가 단순히 누리는 것에 그치지 않고 책임도 따른다는 것을 안다. 지켜야 할 책임보다 누릴 수 있는 자유가 더 중요하기 때문에 감당할 수 있다. 그러면서 스스로 일정과 규칙을 정하면서 생활 패턴을 만들어 간다.

"고시원에 살 때는 1년 내내 감기를 달고 살았어요. 아파트로 이사하고 나서는 말끔해졌습니다. 작년부터는 20년 넘게 핀 담배고 커피고 죄다 끊었어요. 건강하게 오래 살아야죠."
"근데 지금도 아끼고, 아끼고 해가지고 노후에 쓸 돈을 모으고 있죠. 돈을 조금 모았다고 해서, 어… 쓰기 시작하면은, 음…벌기, 벌기는 어려워도 쓰기는 되게 쉽거든요, 그래 가지고."

미래에 대한 기대가 생활에 대한 책임감을 만들었다. 집안을 정돈하고 청소하며 자연스럽게 건강도 나아졌다. 혼자 살기 때문에 늦잠을 자고 불규칙한 일상을 보내기도 하지만, 대부분 본인에게 도움이 되지 않는 것을 알게 된다. 그리고 자기에게 맞는 생활의 리듬을 만들고 유지하려고 노력하게 된다. 이용자 대부분은 기본적인 증상 관리를 스스로 하고 있고, 변화가 있을 때 먼저 인지하고 직원에게 도움을 청한다. 경제적 책임감이 생기면서 구직 활동을 시작했고, 소비에도 우선순위를 정하여 지출을 관리했다.

모두를 위한 지역사회 만들기

지역사회에는 다양한 사람이 있고, 그들은 모두 조금씩 다른 서비스에 대한 욕구를 가지고 있다. 정신장애인 중에는 지역사회에 뿌리를 내리고 살아가기 위해서는 주거와 자립 생활을 유지하기 위한 서비스가 필요한 이들이 있다. 지원주택이나 지역사회 자립 생활을 위한 주거지원서비스는 그들의 욕구를 충족시키는 방법이다. 정신장애인은 지난 세월

동안 지역사회에 정착하지 못하고 흘러가는 회전초 같았다. 정신장애인의 탈원화는 이제 걸음마 단계이고, 아직도 많은 당사자가 시설에서 거주하고 있다. 지역사회 인프라도 턱없이 부족하다.

샘솟는집의 경험을 통해 정신장애인도 지원 체계가 마련되면 얼마든지 내가 사는 곳에 정착하고 삶을 풍성하게 만들어 갈 수 있다는 것을 확인했다. 지원주택을 획기적으로 확대하고, 지역사회 자립 생활을 지원하는 서비스를 필요한 이들이 이용할 수 있게 만들 필요가 있다. 이 밖에도 다양한 분야와 기관, 당사자의 성공적인 경험을 모아 지역사회에서 생활하기 위해서 필요한 서비스와 인프라를 갖추면 소외되는 사람이 없는 공동체를 꿈꿀 수 있을 것이다.

↗
영구임대주택 거주자를 위한 주거지원 서비스

최종환

강원도 춘천시 효자주공 8단지는 전국에 얼마 남지 않은 계단식 5층 영구임대 아파트이다. 1991년 완공되어 올해로 30년이 된 이 단지에는 엘리베이터가 없고, 동 입구 계단 옆에는 장애인을 위한 경사로도 설치되어 있지 않다. 이곳도 다른 영구임대주택 단지와 마찬가지로 장애인과 노인 세대가 많은데, 그들 중에는 이동이 어려워 고립된 생활을 하는 이들도 있다.

효자주공 8단지에는 몸이 불편해서 주택 개조가 필요하다고 여겨지는 가구가 많다. 복지관에서는 주거환경개선사업이라는 이름으로 단지에서 매년 몇 세대에 대해서 벽지와 장판, 싱크대 경첩 등을 교체하는 지원을 해왔다. 이것만으로 거동이 불편한 노인이나 장애인에게는 큰 도움이 되지는 않는다. 화장실 단차나 방 문턱이 너무 높아서 불편을 느끼고 있다. 조금만 손을 보려고 해도 내 집이 아니라서 거쳐야 하는 단계도 복잡하다. 관리사무소에 필요한 서류를 제출하고 승인을 받아야 하고, 정해놓은 범위 안에서만 할 수 있고, 이주할 때는 원상 복구를 하겠다는 약속을 해야 한다. 화장실에 안전손잡이가 필요함에도 벽에 구멍 뚫는 일조차 어렵다. 돈도 문제다. 요양등급을 받아서 복지용구로 지원을 받는 경우가 아니면 안전손잡이 비용 4만원이 필요한데, 이것이 부담스러워서 포기하기도 한다. 이런 사정 때문에 대부분 불편해도 그냥 버틴다.

병원에서 퇴원해서 집으로 왔는데, 이후 통원 치료가 어려운 경우가 자주 있다. 돈이 없어서 요양병원도 이용하지 못할 상황인데 집에서 병원까지 이동할 방법도 없으니 참으로 막막하다. 환자의 이동권은 건강과 직결된다. 이동이 어려우면 필요할 때 병원을 잘 가지 않게 된다. 긴급한 처치가 필요한데 그 시기를 놓쳐서 병이 악화될 수도 있다.

엘리베이터가 없는 5층 계단식 구조의 아파트는 몸이 불편한 이들의 이동을 제한한다. 휠체어가 자유롭게 드나들 수 있는 경사로는 입구 계단이 제일 낮은 12동에만 설치되어 있다. 병원을 가려면 복지관 직원에게 도움을 요청해야 하고, 구급차까지 불러야 하는 상황이라서 왕복 비용이 15만 원이나 들기도 한다.

지원주거 모델화 사업

효자주공8단지에는 효자종합사회복지관이 있다. 복지관에서는 강원사회복지공동모금회의 지원을 받아 '지원주거 모델화 사업'을 수행하고 있다. 영구임대주택 단지에서 진행된 이 사업은 전형적인 지원주택 사업과는 다르다. 전형적인 지원주택이라고 하면 먼저 주택을 확보하고 지원주택이 필요한 입주자를 선정하여 서비스를 제공하는 방식으로 진행될 것이다. 영구임대주택 단지에서 추진된 이 사업은 이미 주택을 확보하고 있지만 지원서비스가 필요한 이들을 확인하고 지원하고 있다.

사업 대상은 병원이나 요양병원에서 퇴원을 준비하고 있는 노인, 현재 집에서 살고 있는데 노화나 사고, 질병 등으로 신체적 기능이 저하한 노인과 장애인이다. 2019년 6월에 단지의 610세대 중 20세대를 선정하여 사업을 시작했고, 다음 해에는 기존 서비스 이용자를 포함하여 24명에게 서비스를 제공하고 있다.

고령이고 만성적인 질환 등을 가진 서비스를 받는 사람들은 점점 건강 상태가 나빠지는 경우가 많다. 건강이 악화되어 결국 병원에 입원하거나 시설로 입소한 이용자도 있다. 입원과 퇴원을 반복하다가 사망한 때도 있다. 이런 이용자의 특성을 고려하면서 사업에 대한 평가가 이루어져야 한다. 이를 무시하고 일상생활 수행 능력, 생활 만족도, 사회적 지지망 등이 얼마나 개선되는가를 측정하는 것은 적절하지 않다. 점점 몸이 약해지는 노인, 와상환자, 정도가 심한 장애인 등을 대상으로 하는 사업은 일반적일 때와는 다른 관점과 기준을 가져야 한다.

주택 리모델링 사업도 했다. 2019년 12월 한국사회복지관협회, LH 한국토지주택공사, 주택관리공단 3개 기관이 협약을 체결하였다. 영구임대 아파트 1층의 주택을 케어안심주택으로 리모델링하여 주거약자에게 제공하기 위해서이다. 주택 내부의 화장실 턱, 문, 싱크대 등을 고쳐서 주거약자가 이용하기에 제약을 없애는 리모델링을 했다.

화장실 안전 및 편의시설 설치

화장실 미닫이문 교체

맞춤형 좌식 싱크대 제작 설치

출입문 비디오폰 도어락 설치

『단지 내 케어안심주택 리모델링』

살던 곳에서 계속 생활하기 위한 복합적인 지원

김용수(가명) 어르신은 뇌병변장애에 따른 편마비 증상 때문에 거동이 불편했고, 이로 인해 집안에서 낙상으로 골반 골절상을 입어 입원했다. 일반 수급자 입원 기간이 지나 결국은 요양병원으로 재입원하였다. 주변에 도움을 줄 가족이 없어서 집으로 돌아오기도 쉽지 않았다. 수급비 전액이 입원비로 지출되면서 입원 기간 관리비가 체납되었다. 그래서 아파트 재

계약이 어려운 상황이 되었다. 김용수 어르신은 불안해했다. 여러 가지 문제들 가운데 먼저 주거가 안정되어야 한다고 판단했다. 밀린 공과금 납부와 재계약을 지원했다. 이내 불안해하던 모습은 사라지고 안색도 좋아졌다. 이후 주택 리모델링을 진행했다. 화장실 단차를 제거하고, 더러웠던 화장실 천장 리빙우드를 교체하고, 미끄럼 방지 타일을 부착하고, 안전손잡이를 설치했다. 화장실을 더 편안하게 이용할 수 있게 되었다. 바닥에 이불을 깔고 생활하는 것이 불편했는데, 맞춤형 가구로 침대를 제공했다.

요양보호사가 주 2~3회 방문하여 가사지원, 말벗 서비스, 병원 내원도 지원하고 있다. 허리가 많이 불편해서 방문 물리치료사도 연계하였다. 허리 통증 완화를 위해 노력한 결과 현재는 허리를 펴고 거동이 가능할 정도로 회복되었다. 매달 정기적으로 통장님이나 마을활동가가 집을 방문하여 건강에는 문제가 없는지 확인하고 정서적인 지원을 한다. 스마트 토이봇(효순)을 제공하여 응급상황이 발생하면 신속하게 연락을 취할 수 있게 했으며, 투약 모니터링도 가능하게 되었다. 요양 서비스와 지역사회 관계망 등 여러 가지 자원을 활용하고 있다.

다른 서비스 이용자들도 요양 지원만으로는 생활을 유지하기에 부족한 경우가 많다. 돌봄 서비스 이용에 제약이 있는 이들도 있다. 대부분 사회적 관계는 거의 단절되어 있다. 그래서 지역사회에서 생활을 유지하는 데 어려움을 느낀다. 주거환경에도 불편을 초래하는 요소들이 많다. 이들도 김용수 어르신과 비슷하게 주택 리모델링, 지역사회에서 제공되는 요양지원, 방문 물리치료, 식사 지원, 응급상황 대응 체계 등의 복합적인 지원을 각자의 사정에 맞게 받아야 자기 집을 유지하면서 지역사회에서 계속 생활할 수 있다.

더 살기 좋은 지역사회 만들기

지원을 받은 사람들은 입원하거나 시설에 입소하는 비율이 줄어들었다. 지역사회가 더 살기 좋아졌기 때문이다. 찾아오는 사람이 있고, 집에서 받을 수 있는 건강이나 가사 생활에 대한 지원도 늘어나면서 일상이 회복되는 것을 볼 수 있다. 마을활동가 등의 정기적 방문으로 지역사회에서의 관계도 늘어나고 있다.

일하면서 "감사합니다." "고맙습니다."라는 인사를 많이 받는다. 더 어려운 이웃을 위해 주택 리모델링을 양보하는 이도 있다. 죽 서비스를 받는 어르신들은 나를 알아보고 하나같이 "죽 선생"이라고 부르신다. 집을 방문했을 때 한사코 냉동실에서 만두를 꺼내 쥐여주시기도 한다. 이런 것에서 힘을 얻는다. 제대로 동네 사람이 된 것 같다.

지원주거 모델화 사업을 하면서 지역사회에서 자기 자리를 지키기 어려워하는 노인들이 많다는 것을 확인했다. 경제적으로는 물론이고 건강, 사회적 역할, 소외, 고독 등의 어려움을 가지고 있는 경우가 많다. 특히 몸이 불편해져서 그동안 살아왔던 집에서 계속 살기 어려운 상태가 되면 삶의 질은 급격하게 나빠지고, 결국에는 자기 집에서 생활하는 것을 포기하게 된다. 100세 시대에 지역사회는 노인이 더 오래, 더 편리하게 살 수 있는 곳이어야 할 것이다.

이를 위해서 지역사회에서 계속 생활할 수 있도록 주거와 일상생활 전반에 걸친 사회서비스를 확충하고, 개인별 필요와 특성을 고려하여 촘촘하게 지원할 수 있어야 한다. 통합적인 창구를 통해서 전반적인 서비스에 대한 필요를 판단하고, 대상자의 특성과 서비스 방식을 고려하여 유기적으로 연계되기를 기대한다. 2022년 5월 본 사업은 종료된다. 그때에는 계속 서비스가 제공될 수 있는 조건이 갖추어져서 현재 이용자와 이런 서비스가 있어야 하는 더 많은 사람이 지역사회에서 훨씬 나은 생활을 할 수 있기를 기대한다. 또 알코올 의존증이 있는 중장년층과 정신질환으로 어려움을 겪고 있는 이들도 다수 발견되는데, 이들도 전문적인 지원을 받을 방안이 고안되기를 바란다.

사람과 마을을 잇는 이음하우스

최지선

달팽이와 그의 집은 나뉠 수 없다. 달팽이가 집이고, 집이 곧 달팽이다. 노인들에게 집은 달팽이의 그것과 같다. 비록 허름하고 아주 낡은 집, 무허가건물, 저렴한 월세방, 불편한 요소도 많은 집인데도 내 집이 최고라고 말한다. 집 주변 익숙한 동네 사람들, 눈 감고도 걸을 수 있을 골목, 그곳을 지키고 있는 나무가 있는 곳이다. 잘 알고 지내던 누군가 찾아올 것 같은 정하지 않은 약속의 장소이기도 하다. 이런 익숙함은 정서적 안정을 주고, 다른 것으로 이를 대체하기 어렵다.

그런데 자신의 삶터를 유지하는 것이 힘든 노인들이 있다.

돈이 없어서, 몸이 아파서, 그리고 또 다른 여러 가지 이유 때문이다. 이런 문제에 대응해서 노인들이 자기 집을 유지하고 계속 거주할 수 있게 돕기 위해서 2019년 6월 '온마을 돌봄센터' 사업을 하게 되었다. 그 내용은 복지관이 사회복지공동모금회의 지원을 받아서 주택 개보수 지원과 지역의 돌봄 공동체를 조직하는 것이다.

사업 지역으로 부산광역시 부산진구 범천2동 안창마을을 선택했다. 흔히 달동네라 부르는 곳이다. 좁고 가파른 언덕에 340가구가 사는 집들이 다닥다닥 붙어 있다. 65세 이상의 고령자가 186명 살고 있고, 집은 모두 30년 이상 오래된 것들이다.

먼저 주택 개보수 사업을 시작했다. 집수리가 필요한 집은 매우 많았다. 그중에서 난방이 전혀 되지 않는 집들을 우선적인 대상으로 삼았다. 이런 주택에 거주하는 한 주민은 마을 안에서 사회적 관계망이 전혀 없었다. 그런데 개보수를 통해 집이 청결하고 따뜻해지자 이웃을 집으로 초대하기 시작했다. 그동안 집이 추워서 사람을 부르지 않았다고 한다.

그런데 집수리로는 해결이 불가능한 경우도 있었다. 이런 상황에 대응하기 위해서 지역 안에서 괜찮은 집을 마련하기로 했다. 건물을 하나 확보하고 더는 자기 집에서 생활하기 어려운 이들이 와서 생활할 수 있는 지원주택과 지역 주민들과 입주자를 위한 공유공간을 함께 마련하면 더할 나위 없이 좋을 것으로 생각했다. 양호한 환경의 안정된 주거와 함께 이웃들과 관계를 유지하면서 살아갈 수 있는 공간을 '이음하우스'라 부르기로 했다. 이음하우스가 생기면 자기 집에서 생활하기 어려운 노인들에게 지역사회에서 계속 생활할 수 있는 조건을 제공할 수 있을 것으로 기대했다.

집 만들기와 동네 만들기

먼저 집을 찾아야 했다. 지원주택은 입지나 주변 환경을 고려해야 했다. 적당한 동네로 부산진구 개금2동을 선택했다. 1970년대 국민주택사업으로 조성된 지역이라 오래된 집은 많지만, 동네 환경은 양호했다. 도시재생사업과 행복마을 네트워크 사업으로 주민조직 활동이 활발했다. 마을 단위의 지원주택 사업을 하기에 적합한 동네라고 판단했다.

개금2동에 관심을 두게 된 직접적인 계기는 2020년 4월 한 사회적기업이 사회주택을 함께 해보자는 제안을 했었기 때문이다. 다세대주택 4호를 매입해서 리모델링하고 그 주택을 함께 운영하자는 것이었다. 지원주택을 해볼 좋은 기회라고 판단했다. 그런데 그해 7월 사회적기업의 경영 악화로 사업이 무산되었다.

다시 집을 구하기 위해 동네를 돌아다녀야 했다. 운동화 뒤축이 닳도록 발품을 팔았다. 눈 감고도 사업의 목표와 방향을 줄줄 외울 정도로 이야기했다. 복지관 주민조직사업을 함께 해오던 한 분이 다세대주택 3호를 내놓았다. 공동모금회의 예산 지원을 기반으로 하였고, 여기에 지자체 주택 리모델링 사업을 결합하여 노인친화형 주거공간 조성을 위한 리모델링을 했다. 부산광역주거복지센터(주)와 협약을 맺고 공사를 의뢰했다. 개금2동 주민조직 세 군데와도 협약을 맺고 돌봄 지원을 받기로 했다.

집을 마련하는 일이 가닥을 잡은 후에는 적당한 입주자를 찾는 일을 시작했다. 주택 3호에 총 6명이 입주하기로 했다. 2020년 10월부터 입주할 사람을 찾았다. 부산진구는 지역사회 통합돌봄 선도사업 지역이어서 이음하우스 사업은 구청과 긴밀하게 협력하면서 진행될 수 있었다. 현재 사는 주택이 계속 거주하기 어려워서 이주가 필요한 돌봄 대상 노인이 우선적인 대상이라고 판단했다. 지역의 복지관, 동주민센터 통합돌봄창구, 지역사회보장협의체, 통장협의체, 경로당 등을 다니며 이음하우스에 입주할 대상자를 찾는다고 알렸다.

이 과정에서 많은 사람이 노인을 위한 지원주택이라고 하면 소규모 요양시설로 떠올린다는 것을 확인했다. 지원주택은 낯설고 요양시설은 익숙하기 때문이다. 요양보호사가 상주하는지, 음식은 제공하는지 등을 많이 물었다. 이음하우스는 지역에서 주거를 지탱하는 데 어려움이 있는 노인들에게 안정적이고 독립적으로 거주하고 지역사회에서 관계를 유지하면서 생활할 수 있는 공간이라고 설명했다. 하지만 직접 보고 경험하기 전까지는 요양시설과 지원주택의 차이를 제대로 설명하기 어려웠다.

동주민센터와 지역 주민들이 대상자를 추천했다. 월세 거주자, 누수나 보일러 고장 등으로 이주를 원하는 사람, 보증금 마련이 어려워 모텔이나 고시원을 전전하는 사람 등 30여 명을 만났다. 그중 절반 이상이 주방과 화장실 등을 공유하는 것에 관해서 부담을 느꼈다. 11월 초 부산진구청, 개금2동주민센터, 복지관이 참여한 가운데 입주자선정회의를 열었다. 현재 주거 상황, 건강, 사회적 지지 체계 등에 대한 사정 결과를 두고 논의가 이루어졌고, 3명의 입주자를 선정했다. 입주 전 두 차례의 사전 모임을 했다. 서로 알아갈 기회도 얻고, 가구 등에 대한 선호도 파악했다. 같이 생활하면서 지켜야 할 규칙과 이사를 위해 필요한 사항도 점검했다.

10월부터는 주택 리모델링 공사가 시작되었다. 몸이 힘들어도 불편이 적은 쾌적하고 편리한 주거공간을 만들기 위한 것이었다. 단차를 최대한 줄이기 위한 평탄화 작업, 필요한 경우 바닥 난방, 낙상 예방을 위해 안전바 설치, 욕실 미끄럼 방지 패드, 화재 예방을 위한 가스 누출경보기 설치, 시력 보호를 위한 LED 등 교체 등이다. 벽지와 방문의 색은 입주할 사람들에게 물어서 정했다. 부산진구청의 지원을 받아서 침대, 옷장, 가전제품 등 기본적인 가구와 가재도구까지 갖추었다.

이음하우스 전경 1   이음하우스 전경 2

여러 가지 어려움을 가지고 있는 노인들에게 살던 곳을 옮기는 것은 쉬운 일이 아니었다. 그래서 여러 가지 도움을 받았다. 구청에서 이사도우미 지원을 받았고, 지역자활센터는 폐기물 처리를 해주었다. 도시가스 이전, 케이블 TV 설치 날짜를 조정하는 것은 코디네이터가 도왔다. 보일러, 전등 스위치, 도어락, 가스 밸브 등의 작동 방법을 안내하고 같이해보기도 했다. 어느 정도 짐이 정리되고 나서는 동네를 같이 돌아보았다. 마트, 시장, 동주민센터, 병원 등이 어디에 있는지 함께 확인했다. 그리고 전입신고를 직접 할 수 있게 지원했다.
새로운 동네가 너무 낯설지 않도록 특히 초기에는 관계를 만들기 위해 노력했다. 입주민들끼리 모일 수 있도록 매월 첫째, 셋째 화요일에는 입주자 회의를 하기로 했다. 공유공간 관리, 공동체 활동 계획 등에 대해 이야기를 하고, 생활에 필요한 정보도 나누었다. 이음하우스 집들이 계획도 했다. 또 지역 주민들과도 만날 기회를 만들었다. 주민조직들과 마을 화단 정비, 명절 음식 나누기 등을 함께 하기로 했다.

얼마 전 크리스마스에는 입주자들이 모여서 트리를 꾸미고 다과를 나누는 시간을 가졌다. 설 연휴에는 지역주민조직 이웃사랑회 회원들도 참여하여 같이 명절 음식을 준비하고 명절 분위기를 냈다. 혼자서 음식을 먹던 예전 명절과는 분명히 다른 날이었다. 함께 전을 부치던 주민이 동생도 되었다가 며느리가 되기도 해서 한바탕 웃었던 기억도 있다.

그것은 행복일 수도 있다

남정권(가명) 씨는 예전에 일하다가 낙상을 해서 지난 일 년간 입원 치료를 받았다. 그 후로는 일할 수 없었다. 벌이가 없어지자 집을 유지할 수 없었고, 친구 집과 여관을 전전했다. 그러던 사이에 이혼하고 가족 관계도 끊어졌다. 지인들과의 관계도 단절되었다. 불안정한 상태에 있던 그가 이음하우스에 입주하게 되었다. 주거가 안정되자 여러 가지 변화가 나타났다. 실무자와 같이 케어플랜을 작성하면서, 낙상으로 1차 수술을 했는데 철심을 제거하는 2차 수술을 못 했고 이것을 마무리하고 싶다고 이야기했다. 주거비가 줄어들었으니 저축을 해서 비용을 마련하겠다고 했다.

입주자 회의에 적극적으로 참여한다. 반찬을 만들어 나누며 다른 입주자와 관계를 맺는 것이 즐겁다. 옥상 텃밭에 포도, 가지 등을 기르고 있는데, 사회복지사에게 자주 보여준다. 입주민들과 나눠 먹고 싶다고 한다. 집이 생기고, 삶이 안정되고, 소통할 수 있는 사람이 생기면서 관계가 쌓여간다. 생활의 필요가 충족되어 가는 것이 이런 모습일 듯하다. 그것은 행복일 수도 있다. 이음하우스가 계속 그 통로가 되어주길 바란다.

지원주택을 통한 변화

자신의 적절한 거처를 유지하는 것에 어려움이 있던 노인들에게 이음하우스는 편안하게 동네에서 노후를 보낼 수 있는 집과 지역사회를 제공했다. 그리고 입주자들의 삶이 달라지는 것을 눈으로 확인했다. 안정된 집에서 편안한 생활을 하는 것의 의미를 생각하게 된다.

이음하우스의 입주자들은 집에서 살아가기 위해서 꼭 필요한 지원이 있었다. 그것이 충족되면서 많은 어려움이 사라지고 삶이 회복되었다. 각종 어려움으로 인해 지역사회에서 생활하는 데 어려움을 겪고 있는 많은 이들을 안전하게 자기 집과 지역사회에서 계속 독립적으로 생활할 수 있게 지원할 수 있다.

또 '마을'은 어려움을 가지고 있는 노인들도 구성원이 될 수 있는 곳이다. 그들도 다른 지역 주민들과 관계를 맺고 서로 지지할 수 있다. 초기의 어색한 관계를 잇는 의식적 노력이 동네 네트워크를 만드는 데 도움이 될 수 있다. 커뮤니티 공간을 만드는 것도 좋은 토대가 된다. 지방자치단체를 비롯한 여러 기관과 조직의 협력도 큰 영향을 미친다.

이음하우스는 한 집에 두 명이 생활하는 공유주택 형태이다. 공유주택이 대다수 노인의 욕구에 맞는 형태는 아닐 수 있다. 하지만 공동체적인 생활을 선호하는 사람들도 있다. 공유주택이 노인들을 위한 다양한 주택 모형의 하나로 어떻게 활용될 수 있을지에 대한 평가도 시간이 좀 더 지나고 시도할 필요가 있을 것이다.

2장

지원주택에는
사람이
있습니다

"돌아보면 참 치열하게 달려온 나날이었다. 그 과정에서 내가 할 수 있는 것이 별로 없다는 생각에 무너지기도 하고 다시 일어나기를 반복했다."

"우리는 멈추지 않는다. 발달장애인이 장애의 정도, 경제 수준과 상관없이 원하는 지역에서 원하는 서비스를 받을 수 있는 그 날까지 함께 걸어갈 것이다. 그 길이 지금까지 걸어온 길만큼 험할지라도 괜찮다. 우리는 혼자가 아니기 때문이다."

아무리 좋은 집이라도 사람이 없다면
집이 아니라 건물일 따름입니다.
집에는 사람이 있습니다.

지원주택에는 다른 집과 다르게
더 많은 사람이 있습니다.

사는 사람, 사는 것을 돕는 사람, 함께 사는 사람.
지켜보는 사람, 응원하는 사람이 있습니다.

눈에 보이는 지원주택은 작아도,
보이지 않는 담장은 동네 끝까지 이어집니다.
담장 아래에서, 담장을 따라서, 담장을 넘어서
사람들이 오가며 살아갑니다.

홀로 사는 지원주택에는 사람이 있습니다.

지원주택 일 년을 경험한 실무자의 고민

박준오

지원주택 현장에서 일 년을 보내면서 두 가지 고민이 생겼다. 이전에 다니던 사회복지기관에서는 일 년 단위로 일이 진행된다. 사업을 계획하고 예산을 신청하여 통과되면 정해진 기간 사업을 집행한다. 사업이 종료될 시점에는 평가와 정산을 한다. 이런 일들이 대체로 한 해를 기준으로 돌아간다.

지원주택에서 일한 지 일 년이 지났다. 여기서는 서비스 대상자가 거의 바뀌지 않을 것이다. 현재 지원주택 입주자는 2년 단위로 계약을 연장하고 20년간 거주할 수 있는 조건으로 생활한다. 만약 앞으로 19년 생활하게 된다면 그동안 어떤 목표를 가지고 일을 해야 할까? 한 사람의 인생을 두고 어떤 성과를 거둘 것이라고 목표를 정하고 사업을 하는 것은 익숙하지도 않은 일이다. 또 그런 식으로 계획하는 것이 적절하지 않을 수도 있다.

입주자가 점차 지역의 구성원으로 자리를 잡아가는 모습을 보면 보람을 느낀다. 하지만 다른 입주민이 반복적으로 어려운 상황에 처하는 것을 보면 막다른 길목에 있는 것 같은 기분이 들기도 한다. 올해도 작년과 별다른 차이가 기대되지 않기 때문이다. 지원주택 입주자가 겪은 고통이나 그들이 가지고 있는 어려움의 무게를 고려하면 쉬운 일은 아니라고 짐작할 수 있다. 하지만 지식이나 경험이 부족한 나 같은 사람에게는 정말 쉽지 않은 일이다. 갑자기 전혀 경험해보지 못한 위험한 일이 벌어지면 당황하지 않고 대응하기 어렵다.

그래서 관련 분야의 사례를 찾아보고 지식으로 더 단단하게 무장하려고 한다. 팀장님이나 동료 직원들에게 많이 물어서 배우고 있다. 오랫동안 노숙이나 시설 생활을 했던 경험이 미치는 영향을 예상하기는 쉽지 않다. 하지만 그런 경험을 한 입주민들이 드라마틱한 변화를 겪고 인생 제2막을 살았으면 하는 건 사회복지사라면 한 번쯤은 꿈꿔볼 만한 것이 아닐까 생각된다. 머릿속에서 그런 행복회로를 돌려보곤 한다. 지원주택은 극적인 변화와 전혀 바뀌지 않을 것처럼 보이는 모습이 공존하는 현장이다. 간단하지 않은 인생을 살아온 사람들의 긴 미래가 진행되고 있는 곳이기도 하다. 이런 삶을 지켜보는 실무자는 어떤 태도를 가지고 일해야 하는지 고민 중이다.

실무자가 안전하게 일할 수 있어야 한다

노숙인 지원주택의 핵심은 주거권이라고 생각한다. 자립해서 생활할 준비가 되어 있는지를 따지지 않고 가장 집이 필요한 이들에게 먼저 집을 제공하고, 생활에 필요한 사회복지 서비스를 연계하거나 지원하는 것이 지원주택이다.

하지만 주거를 우선 제공한다고 하면서 다른 문제에는 충분히 관심을 기울이지 않은 것이 아닌가 하는 생각도 하게 된다. 탈노숙, 탈시설, 주거권이라는 좋은 이야기도 현실에서 나타나는 문제를 해결하지 못하면 지원주택이라는 수단을 지키지 못할 것이다.

입주자에게 권리와 함께 책임도 같이 주어져야 지원주택이 안정적으로 유지될 수 있을 것이다. 입주자를 선정하여 입주할 때까지 충분한 설명을 하고 적응을 위한 준비를 할 필요가 있다. 스스로 결정하고 신경 쓸 일이 거의 없는 시설 생활이나 무질서한 자유와 생존을 위한 자기방어적인 대응들이 나타나는 거리 생활은 지역사회에서 자기 집을 유지하면서 생활하는 것과 큰 차이가 있다. 이런 변화가 어떤 사람에게는 쉽게 적응할 수 있는 것이 아니다.

현장에서 예상치 못한 일이 벌어진다. 이런 사건과 사고가 계속 반복되면 부정적인 생각이 커지게 된다. 적절하게 대응하고 있다는 자신감을 느끼지 못하면 더욱더 그러하다. 이런 일이 생기는 것을 완전히 없애지는 못하겠지만, 예방을 통해서 발생을 줄이고 안전장치도 마련하고 대응 방법도 개선해야 할 것이다.

입주민 모두가 이런 문제의 원인인 것은 아니다. 오랫동안 어려움과 싸우며 시설이나 거리에서 버텨 온 이들에게 지원주택은 누구보다 더 간절하게 필요한 것이었다. 그리고 지역사회에서 자기 집을 유지하면서 생활하는 것을 통해서 긍정적인 변화를 경험하는 이들이 다수이다. 이런 변화 때문에 계속 일을 하는 게 아닐까 생각한다.

현재 지원주택 사업은 사람으로 치면 갓 태어난 신생아 정도일 것이다. 여러 가지의 이유와 사정이 있어서 준비가 덜 된 상태일 수도 있다. 하지만 사업의 필요성을 주장하는 것만큼 현장 실무자들이 겪고 있는 문제를 이해하고 신속하게 대응하기 위한 조치가 있는지 의구심을 갖게 된다. 현재 지원주택이 당면한 문제는 즉각적인 대응이 필요한 심각한 상황이다.

지원주택에서 일하는 직원들은 똘똘 뭉쳐 서로를 지키고 문제를 헤쳐나가려 하고 있다. 하지만 아직 현장은 최소한의 안전을 보장하지 못하고 있다. 공황장애를 얻어 퇴사하고 이직하는 동료가 생기고 있다. 지원주택 관련 규정이나 정책에는 실무자들을 보호하기 위한 내용도 포함되어야 한다. 현장 실무자는 무방비 상태로 던져졌다는 느낌도 든다. 스스로가 안전해야 다른 사람을 도울 수 있다. 지원주택에서 일하는 이들이 더 보호받고, 그들의 노력이 성과를 거둘 수 있기를 바란다.

이 일을 언제까지 할 수 있을까

이아름

열린여성센터의 세 번째 지원주택은 은평구에 있다. 4층 건물에 입주민들이 함께 사용하는 커뮤니티 공간이 있고, 그것을 제외하면 총 13가구가 생활하는 곳이다. 은평 지원주택의 입주 대상은 여성 노숙인으로 정신적인 어려움이 있거나 알코올로 어려움을 겪고 있는 이들이다. 현재는 12가구가 입주해 있다.

지원주택과 시설은 목표도 다르고, 서비스를 제공하는 방식도 다르다. 지원주택에서는 입주민 개인별로 지원계획을 수립한다. 과거 시설에서 일했던 경험과 비교하면 지원주택의 입주민들과 함께 만드는 지원계획의 목표는 전혀 다르다고 생각된다.

시설의 경우 입소인의 증상 인식과 안정 회복, 자활기관에 연계하거나 바로 취업하는 것, 주택으로 입주할 수 있게 연계하는 것 등 대략 이미 정해진 것이 있다. 거의 직원의 관점에서 입소인에게 필요하다고 느껴지는 것이 목표가 되었다. 시설 운영을 위해서 합의된 규칙을 벗어난 특별한 서비스를 지원하기는 어려운 상태이다.

지원주택에서는 입주민 자신이 필요하다고 느끼고 표현한 것이 목표가 된다. 최근 일 년간의 내용을 정리해보니 현재 사는 이 주택을 유지하며 살아내는 것, 다시 거리로 돌아가지 않고 주택을 유지하는 것, 죽음을 맞을 때 혼자가 아니었다는 생각을 간직하며 죽는 것 등이었다. 삶과 그 과정에서 느끼는 두려움, 고통, 성취감, 자부심 그리고 삶의 끝과 이어져 있었다.

입주민의 삶 속으로서 들어가는 것은 부담스러운 면도 있다. 하지만 입주민 개개인의 욕구에 맞는 서비스를 다른 사람 눈치 보지 않고 지원할 수 있는 것은 큰 장점이다. 정말로 각자의 상황에 맞고 적절한 방식의 지원이 입주민이 주택에서 살아갈 힘이 된다고 생각한다.

이 일을 과연 언제까지 할 수 있을까

지원주택에서 일을 시작한 지 얼마 되지 않았을 때는 정말 정신없이 시간이 갔다. 입주민들을 알아가고, 필요한 서비스를 파악하고, 함께 가전제품을 구입하고, 주택 주변의 마트와 시장을 안내하는 등 정착 초기에 필요한 여러 가지 일을 했다. 입주민들도 모두 서로를 파악하느라 신경을 많이 썼다. 일은 바쁘지만 입주민들과의 관계는 상대적으로 조용한 나날이었다.

그런데 시간이 지날수록 복잡한 일들이 발생하기 시작했다. 나와 다른 것을 받아들이지 못해서 다투고 민원을 제기하고 사고가 나곤 했다. 불만스러운 것이 있으면 직원들이 관리를 제대로 못 해 일어난 것이라며 코디네이터에게 화살을 돌리곤 했다. 억울한 마음도 들었다.

다른 입주민에게 피해를 주는 행동도 나타났다. 어느 날 한 입주민이 다른 입주민들에게 인사를 하고 싶다고 늦은 시간에 음주한 상태로 전체 입주민 집의 벨을 눌러 모두를 놀라게 했는데, 다음날에는 아무것도 기억하지 못했다. 새벽에 꽹과리를 쳐서 동네 주민이 신고하고 경찰이 방문하기도 했다. 손님들을 불러서 늦은 시간까지 음주하면서 큰소리를 내서 다른 입주민들을 불편하게도 했다.

입주민들의 일상에 변화가 생기고 문제가 발생하면 직원들을 찾곤 한다. 자그마한 일에도 매우 놀라 직원에게 일일이 이야기하고 해결해주기를 바라는 경우도 있다. 새벽에 잠이 깼다는 것을 알려주려고 수시로 전화하기도 했다. 환청이 있는 입주민은 옆집에서 자신을 괴롭히기 위해 시끄럽게 한다고 하며 직원들에게 화를 내기도 했다.

이와 같은 상황이 지속되면 직원들도 영향을 받는다. '이 일을 과연 언제까지 할 수 있을까?' 자연스럽게 이런 생각을 하게 된다. 노력해도 상황이 개선되지 않는 경우도 있다. '혹시라도 입주민이 스스로 삶을 끝내는 선택을 한다면 나는 감당할 수 있을까?' 걱정과 두려움도 커진다.

일 년이 지난 요즈음은 생각이 조금 바뀌고 있다. '입주민의 선택과 결과에 대해서 내가 바라는 것을 내려놓자.' 늘 희망하는 결과로 만들 수는 없는 노릇이다. 또 자신을 스스로 지켜야 다른 이를 돕는 것도 가능하다.

집이 있어야 회복이 시작된다

노숙 경험뿐만 아니라 정신질환이나 알코올중독 등의 어려움이 있는 사람들이 지원주택의 대상이 된다. 집이 생기는 것은 좋은 일이지만, 스스로 정신질환이나 알코올중독을 받아들이고 큰 어려움을 겪었다는 것을 인정하지 않으려는 이들도 있다. 사회적 낙인이 강해서 드러내고 싶지 않은 것이다. 회피하고자 하는 경향은 입주한 사람들에게서도 나타난다. 사람들 사이에서 마음에 상처를 입고 집을 포기하겠다고 말하기도 한다. 증상이 심해서 포기하고 싶을 때는 나가고 싶다고 말하는 경우가 있다.

시설 경험이 긴 이들에게 자립생활은 책임질 일이 늘어나는 부담으로 여겨지기도 한다. 시설에서 살 때와 달리 집을 관리하는 것부터 음식을 해서 먹는 것까지 모든 것을 스스로 해야 하는 것이 스트레스가 되기도 한다. 시설에 있었다면 각종 공과금이나 식비가 들지 않아서 돈을 더 모을 수 있었을 것인데, 주택에서 살다 보니 지출이 늘어났다고 말하기도 한다. 그래서 다시 시설로 돌아가고 싶다고 이야기하는 경우도 있다.

직원들이 자신의 삶에 너무 관심을 두고 관여하는 것이 부담스럽다며 불편해하기도 한다. 주택 방문을 위해 연락하거나 찾아가도 연락을 받지 않고 문도 열어주지 않는 예도 있었다. 이런 상황을 겪으면서 여러 가지 고민을 하게 되었다. 시설에서 벗어나 개인의 공간을 갖고 좀 더 주도적으로 살 수 있게 지원하는 것이 옳다고 생각했었다. 그래서 이 일을 시작한 것이다. 그런데 내가 만나고 있는 입주민들이 지금 정말 행복한가? 지원주택이 정말 맞는 방식인가? 누군가는 이 주택에 입주하면서 자존감이 떨어졌다고 생각하고, 누군가는 시설에서의 생활이 더 안정적이라 이야기하고, 직원의 관심이 부담되고 불편하다고 느끼는 사람도 있기 때문이다.

한동안 이런 생각들로 마음이 불편했는데, 이제는 점점 정리되어 가는 듯하다. 더 좋은 곳이 있다고 생각하는 이들은 그렇게 이동할 수 있게 안내하는 것이 적절하다는 생각에 이르렀다. 자존감이 떨어진다고 이야기하는 입주민이나 직원의 관심이 불편하다는 입주민에게는 일반적인 임대주택에 관해 설명하고 원하는 경우 연계를 하겠다고 안내하였다. 그런데 이런 이야기를 들은 사람들은 모두 자신은 누군가 자신을 살펴주는 것이 도움이 된다고 이야기하며 이주를 원하지 않았다.

시간이 지나면서 입주민들도 마음속 혼란이 걷히는 듯하다. 좀 더 솔직하게 표현하기 시작하였고, 나도 역시 입주민들의 언어를 이해하기 시작했다. 새로운 환경에 적응하는 것이 힘들어서 불만으로 표현된 경우가 많았다고 여겨진다. 서로에 대한 이해가 깊어지면서 일정한 거리를 두는 방식에도 익숙해졌다. 그런 관계에서 더 적절한 방식의 개입과 상황 개선이 가능했다. 또 누군가가 곁에 있고 도움이 필요할 때 의논할 상대가 있어서 안심된다는 이야기를 많이 한다.

노숙인에게 주택은 회복의 출발점이다. 집이 있어야 삶을 준비하고, 계획하고, 선택한다는 것을 지원주택 입주자들이 보여주었다. 사실 노숙인에게 주택을 지원하는 것에 대해서 불편한 마음을 갖는 사람도 있을 것이다. 그렇지만 노숙인에게 집은 다시 회복해야 할 생활을 위한 필수적인 조건이었다. 새로 시작하는 기회는 누구에게나 주어져야 할 것이다.

커뮤니티 공간과 사무 공간의 분리

현재 커뮤니티 공간은 입주민을 위한 공간이기도 하고, 직원들의 사무 공간이기도 하다. 입주민에게 커뮤니티 공간은 여러 가지 역할을 했다. 입주 초기에는 가전제품을 준비하지 못한 입주민들에게 TV, 냉장고, 세탁기, 전자레인지, 정수기 등을 사용할 수 있는 곳이었다. 커뮤니티 공간의 물품을 사용하면서 다른 이웃들과 자연스럽게 만나고 대화를 나누기도 했다. 공동체 활동을 진행하면서 어색해하는 입주민들이 주기적으로 만날 수 있는 계기를 제공하기도 했다. 한 달에 한 번씩 자치회의와 반찬 만들기 활동 등을 하면서 다 같이 만나는 기회도 있다. 서비스 코디네이터를 만날 수 있는 장소이기도 하다. 직원들에게 이곳은 사무 공간이면서 자연스럽게 입주민을 만날 수 있는 곳이다.

시간이 지나면서 커뮤니티 공간과 사무 공간을 분리하면 좋겠다는 생각이 들었다. 커뮤니티 공간은 좀 더 입주민들끼리 사용하는 공간으로 둘 필요가 있는 듯하다. 사무 공간을 분리해서 입주민들 가까운 곳에 두면 정기적으로 입주민을 만나고 응급한 상황에 신속하게 대처할 수 있을 것이다. 입주민들이 점점 더 많은 일을 스스로 처리하고자 하기도 한다. 문제 해결을 위한 기술이 부족한 경우도 있을 수 있지만, 직원이 늘 눈에 보이는 곳에 있으면 문제를 해결하기 위해 한 번 더 생각해보는 기회가 줄어들 것이다.

직원들도 행정 업무에 온전히 집중할 수 있는 공간과 시간이 필요하다. 입주민에 대해 기록을 하거나 서류를 준비할 때 개인정보를 보호해야 할 필요도 있고, 이런 일은 개방된 사무공간에서 처리하기 어렵다. 또 집중해서 시급하게 처리해야 하는 업무도 있다. 그런데 현재는 입주민이 방문하면 늘 입주민 응대가 우선된다.

좀 더 기다려주고 버틸 수 있는 여유

서비스 코디네이터는 다양한 일을 한다. 가장 자주 하는 일은 병원 동행이다. 혼자서 잘할 것 같던 입주민도 긴장한 탓에 의사 선생님의 이야기를 잘못 듣거나 내용을 이해하지 못하는 경우가 있다. 의사소통이 원활하지 않아서 적절한 조치를 취하지 못하는 경우도 있다. 그다음으로 자주 동행하는 곳은 주민센터이다. 위치만 알려줄 때도 있지만, 필요한 서비스를 신청하는 것을 도와야 할 때가 자주 있다.

입주민이 지역사회에서 더 다양한 경험을 할 수 있게 지원하고자 한다. 입주민들이 자주 이용하는 곳은 시장과 마트, 병원 등인데, 필요할 경우 전자제품 매장과 핸드폰 매장, 이태원의 의류 매장 등으로 동행하기도 했다. 정신보건센터, 지역자활센터, 은평구청에 대해 안내도 한다. 장애인복지관과의 연계도 계획하고 있다. 열린여성센터는 공동모금회의 기금 지원을 받아서 '열린공간 함께'를 운영하고 있다. 이곳은 지원주택 입주민들이 부담을 갖지 않고 다양한 활동에 참여하면서 지역사회에서 관계를 확대할 기회를 제공한다.

입주민들은 곁에 누가 있는 것만으로도 위로를 받는다는 말을 자주 한다. 정신과적 증상이나 알코올 문제 때문에 가족들과 멀어졌고, 이로 인한 마음의 상처도 크다. 가족들도 이런 상황을 감당하기 힘들었을 것이다. 나 역시 버거울 때가 있다. 그렇지만 나는 진짜 가족이 아니기에 좀 더 기다려주고 버틸 수 있는 여유가 있다고 생각한다. 가족에겐 끝이 보이지 않는 암흑과 같은 길이었겠지만, 나는 견디기 어려우면 내 의지대로 끝낼 수도 있기 때문이다. 그래서 힘도 여유도 생기는 것 같다. 입주민들에게 그러한 존재가 곁에 있는 것만으로도 위로가 될 수 있다니 다행이다.

긴급한 상황에 대한 대책은 보완되어야

가장 필요하다고 느껴지는 것 하나는 응급상황에 대응할 수 있는 지원체계였다. 증상이 심해져서 응급입원이나 행정입원을 진행하는 경우 담당 경찰관이나 소방대원의 태도에 따라 결과가 달라지기도 하고, 병원의 상황 때문에 입원하지 못하는 경우도 발생했다. 적절한 시기에 대응하지 못하면 입주민의 고통스러운 시간이 길어질 수 있다. 다른 입주민들에게도 부정적인 영향을 미치게 된다.

폭력적인 태도를 보이는 입주민을 대응하는 방법도 체계화될 필요가 있다. 현재는 폭력적인 태도가 심해지면 경찰을 부를 수밖에 없다. 흉기를 소지해서 위협을 느낄 때도 있다. 무력감과 한계를 경험하게 된다. 입주민이나 서비스 코디네이터 모두를 위한 안전한 환경을 보장하면서 적절하게 대응할 방법이 마련될 필요가 있다.

지원주택에서 일을 시작하고 일 년이 조금 지났다. 아직 갈 길도 멀고 부족한 점도 많다. 하지만 모두가 함께 사는 세상을 만드는 일이다. 어려움을 겪고 있는 누군가를 돕고, 버틸 힘을 찾고, 또 서로를 지지하는 일이다. 그 자리에 있음에 감사한다.

독립을 하신다고요

김은지

"선생님, 저도 독립할 수 있어요?"

최근 반가운 소식을 하나 들었다. 체험형 지원주택에 거주하시던 안철진(가명)님이 독립한다고 했다. 드디어 혼자 살게 되었다며 신이 난 들뜬 목소리에 나도 웃음이 났다. 체험형 지원주택은 독립거주를 희망하는 발달장애인이 실제 독립생활을 하는 집이다. 여기서 1년 정도 자립생활을 체험해보고 실제 독립할 수 있도록 지원한다.

이곳에서 발달장애인 당사자는 독립생활을 유지하는 데에 필요한 주거지원서비스를 개별적으로 지원받는다. 식사를 차리고 청소와 빨래를 하는 일상생활부터, 마트나 병원 등의 지역사회 시설을 이용하는 것, 부동산에 방문해 독립할 집을 구하는 것 등 혼자서는 어렵지만, 누군가의 도움이 있으면 충분히 해낼 수 있는 일들에 대한 지원을 받게 된다. 체험형 지원주택에서 퇴거하여 독립을 실행한 이후에도 당사자가 원하면 주거지원서비스를 계속 받으면서 안정적인 독립생활을 유지할 수 있다.

발달장애인 당사자들은 체험형 지원주택에서 생활하면서 독립생활에 필요한 다양한 경험을 한다. 하지만 이보다 중요한 것은 독립해서 살 수 있다는 자신감이 생기는 것일 듯하다. 발달장애인은 독립해서 생활할 수 없을 것이라는 사회적 편견이 있다. 발달장애에 대해 잘 모르는 비장애인들은 물론 가족, 친척, 시설의 지원자 등 주변인들도 그렇게 생각하는 경우가 많다. 그러다 보니 당사자들도 자신이 없어진다. 체험형 지원주택과 통합적인 지원서비스의 경험은 편견에 맞서는 힘이 된다. 그 힘으로 해낼 수 없을 것이라는 불신을 이겨낸다.

안철진님은 체험형 지원주택에 오기 전 오랫동안 일하던 식

당의 한쪽 구석에서 생활했다. 임금도 제대로 받지 못하면서 고된 일만 해야 하는 식당은 그에게 허락된 유일한 거처였다. 그를 처음 만난 날, 새로운 담당자라고 소개하니 나를 쳐다보며 물었다.

"선생님, 저도 이사 갈 수 있어요?"

갑작스러운 질문에 당황했지만, 그에게 독립이 어떤 의미일지 이해가 되었다. "당연하다. 꼭 도와드리겠다."고 약속했다. 이제 안철진님은 진정한 자신의 새로운 주거공간으로 이사를 한다. 체험형 지원주택에서 얻은 그 자신감을 가지고 새롭게 시작하는 그의 인생이 앞으로도 밝게 빛나기를 바란다.

누구에게나 처음은 있다

발달장애인에게 독립이란 무엇일까? 자신이 원하는 지역에서, 자기가 좋아하는 일을 하며, 원하는 방식대로 살아가는 것. 누군가가 정해주는 삶이 아닌, 스스로 정하는 삶을 사는 것이다. 누군가에겐 당연한 일상조차 누려보지 못했던 그들에게, 독립은 '나답게' 살아가는 첫걸음이다. 그 첫걸음을 뗄 수 있도록 돕는 것이 내가 생각하는 주거지원서비스 담당자의 역할이다.

그 과정이 정말 쉽지만은 않았다. 나 자신도 부모님 곁을 떠나 독립을 해본 경험이 없어서 아마 더 어려웠을 것이다. 집을 구하고, 이사 업체를 정하고, 전입신고와 공과금 감면 신청을 하는 등 이사할 때 필요한 절차가 그렇게나 많은지 몰랐다. 당사자가 법적인 피해를 당하였을 때 어떻게 지원해야 하는지, 응급상황이 발생하면 또 어떻게 대처해야 하는지 경험을 하면서 학습했다.

게다가 걱정을 사서 하는 성격 탓에 마음이 조마조마해지는 순간이 한두 번이 아니었다. 퇴근한 이후나 주말에도 서비스 이용자의 부재중 전화가 남겨져 있으면 혹시나 하고 가슴이 철렁 내려앉곤 한다. 유일하게 아는 번호가 내 번호뿐인데 하는 마음으로 다급하게 전화를 걸면 해맑게 "아니, 선생님 뭐 하시나 궁금해서요."라고 대답한다. 그제야 안도의 한숨을 쉬곤 했다.

돌아보면 참 치열하게 달려온 나날이었다. 모르는 것이 많아서 열심히 배워야 했다. 통화 목록은 연계 기관의 실무자들과 연락한 것으로 가득 찼고, 주민센터를 밥 먹듯이 다니기도 했다. 법적 문제를 해결하기 위해 난생처음 경찰서와 검찰청을 가보기도 했다. 그 과정에서 내가 할 수 있는 것이 별로 없다는 생각에 무너지기도 하고 다시 일어나기를 반복했다. 그래도 참 감사하게 여기는 것은 내가 처음 가보는 길을 장애인 당사자들, 협력하는 기관들, 같은 주거지원사업을 하는 실무자들과 함께 갔다는 것이다. 우리는 혼자가 아니었고 서로 지지하면서 함께 성장했다. 지역사회 내에서 안정적으로 생활을 유지하는 당사자들을 보면서 독립이 분명 쉽지는 않지만 가지 못할 길은 아니라는 것을 알게 되었다. 내가 겪은 많은 일이 결국 장애인들의 삶을 유지하고 풍성하게 하는 역할을 했다는 것을 안다. 그것이 나를 움직이게 한다. 경험을 통해 우리는 더 강해지고 있다. 누구에게나 처음은 있다. 두려워도 멈추지 않는다면 결국 변화는 일어난다.

동네에서 장애인 만나기

"오늘은 처음 보는 선생님이랑 같이 오셨네요?" 자기 집에서 생활하고 있는 주거지원서비스 대상자와 동네 반찬가게를 갔다. 독립한 이후부터 매주 방문하고 있는 곳이다. 반찬가게 사장님은 발달장애인 당사자분을 보자 반갑게 맞아주셨다. 사장님은 이분이 좋아하는 음식이 무엇인지, 무슨 요일에 누구와 함께 방문하는지를 자세히 알고 있었다.

더불어 살아간다는 것은 이런 것이 아닌가 싶다. 장애인 당사자를 있는 그대로 받아들이는 것. 어떤 장애가 있고 장애 정도가 얼마나 심한지와 관계없이 그냥 이 음식을 좋아하고 매주 이 시간에 가게에 오는 손님으로 바라보는 것. 반찬가게에서 서로에게 반갑게 인사를 나누는 당사자와 반찬가게 사장님을 보니, 이것이야말로 더불어 살아가는 모습이라는 생각이 들었다.

여전히 지역사회에서 장애인을 마주할 기회는 많지 않다. 사회가 이들을 받아들이려 하지 않았기 때문이다. 집을 나서면 사람들의 곱지 않은 시선을 느껴야 한다. 일을 처리할 때 알아듣기 쉽게 설명해주는 사람이 없어서 당사자들은 주눅이 들기도 한다.

그래서 우리는 장애인들과 함께 더 많은 곳을 간다. 옷이 필요하면 백화점을 가고, 영화를 보고 싶으면 영화관을 가고, 수영을 배우고 싶으면 스포츠센터를 간다. 그렇게 장애인들이 지역사회를 다니다 보면, 장애인 당사자를 대하는 것이 반찬가게 사장님처럼 자연스러워질 것이다.

우리는 멈추지 않는다

"발달장애인이 독립하는 것이 정말 가능한 일인가요?" 서비스에 대한 문의를 받을 때 가장 많이 받는 질문 중 하나이다. 사회는 여전히 발달장애인의 독립에 대해 의구심을 가지고 있다. 위와 같은 질문을 하는 것에는 그만한 이유가 있다. 여건이 충분히 갖추어지지 않았기 때문이다. 나도 처음 이 사업을 시작할 때 같은 고민을 했다.

발달장애인의 독립은 물론 가능하다. 지원주택으로 제공되는 공공임대주택에서 거주하면서 주거지원서비스를 받을 수도 있고, 당사자가 직접 마련한 주택에 살면서 주거지원서비스를 받는 방식도 있다. 이처럼 발달장애인이 지역사회에 독립해서 본인이 원하거나, 필요로 하는 지원을 받으면서 살 방법이 있다.

독립을 희망하지만, 그것을 선택하기까지 어려운 이유도 있다. 공공임대주택 입주자격이 되지 않아서, 보증금이나 임대료가 비싸서, 가족들이 장애인 당사자가 독립하지 못하리라 판단하고 반대해서 어려움을 겪기도 한다. 하지만 지원주택과 주거지원서비스가 확대되고 또 당사자의 특성을 반영하여 보완해 간다면 상황은 나아질 것이다.

우리는 멈추지 않는다. 발달장애인이 장애의 정도, 경제 수준과 상관없이 원하는 지역에서 원하는 서비스를 받을 수 있는 그 날까지, 발달장애인의 독립이 불안한 일이 아닌 당연한 일로 여겨질 때까지 발달장애인과 함께 걸어갈 것이다. 그 길이 지금까지 걸어온 길만큼 험할지라도 괜찮다. 우리는 혼자가 아니기 때문이다.

지역사회 돌봄 역량을 높이는 노인 지원주택

한선혜

2020년 7월부터 동대문구와 강동구의 노인 지원주택에서 서비스 제공을 위한 준비를 시작했다. 직원 채용, 직무 교육, 사무 공간 조성, 개인별서비스계획(ISP) 준비를 마쳤다. 입주할 사람들이 결정되었고 입주예정자가 사는 관악구, 서초구, 강동구 등으로 찾아가 상담을 했다. 입주예정자는 대부분 고시원이나 반지하와 같은 열악한 거처에서 살고 있었다. 두세 개 이상의 만성질환이 있고, 돌봄 지원 부족으로 어려움을 겪고 있었다.

방문 상담은 코디네이터와 입주할 사람이 처음으로 만나 얼굴을 익히고 관계를 만들어가는 자리이다. 낯선 동네로 옮기는 것에 대한 걱정과 넉넉하지 못한 형편에 이사를 어떻게 할지 걱정하는 이들이 많았다. 지원주택에서 제공하는 주거 유지지원서비스에 대해 설명을 하고, 이사를 하는 데 어려운 일이 생기면 돕기로 하고 연락처를 드렸다. 그들이 안정적으로 새로운 집과 동네에 정착할 수 있도록 준비를 했다. 9월 입주를 시작하면서 우리나라 첫 번째 노인 지원주택이 문을 열었다.

『서울시 동대문구 노인 지원주택 개소식』

노인 지원주택은 SH 매입임대주택으로 공급된 신축 다세대 주택을 노인들을 위해 리모델링한 것이다. 면적은 27~40m² 정도이며, 임대료는 지역이나 크기에 따라 차이가 난다. 장안동의 경우 평균 보증금 1,767만 원에 월세 23만 원이다. 보증금은 월 임대료를 전환해서 300만 원까지 낮출 수 있는데, 그럴 경우 23만 원이던 월 임대료는 352,800원으로 높아진다. 월세 부담이 주거급여 수급액보다 커질 수 있는 것이다. 노인 지원주택에는 엘리베이터가 설치되어 있다. 현관문 단차도 없애고, 화장실 미닫이문도 설치하는 등 편의시설을 갖추었다. 그래도 일부 주택은 화장실이 좁아서 휠체어나 보행 보조기 출입이 어렵다. 엘리베이터가 있다는 것에 대해 입주민들은 매우 만족스러워했다.

노인 지원주택의 대상자는 65세 이상 노인이면서 만성적인 질환이나 장애가 있어서 지역사회에서 일상적인 생활을 유지하려면 적절한 지원이 필요한 이들이다. 공공임대주택에 대한 입주자격을 확인하고 지원서비스에 대한 필요를 사정하여 입주예정자를 정한다. 이번에 선정된 입주예정자의 평균 연령은 79.4세이고, 고혈압이나 당뇨, 관절 질환, 치매, 우울증 등의 만성적인 질환을 가지고 있었다. 대부분 거동이 불편하고, 일부는 인지 기능 저하가 나타났다. 그들은 주거 환경이 열악한 곳에서 살고 있었고, 가족의 돌봄을 받을 수 없는 1인 가구였다. 그들은 저렴한 비용과 양호한 물리적 여건과 함께 돌봄 서비스를 적절히 받을 수 있는 노인 지원주택에서 가능한 한 오래 독립적으로 생활할 수 있을 것이다. 입주예정자가 되었는데 계약을 포기한 사람도 있었다. 그중에는 보증금과 월 임대료가 부담이 되었다는 경우도 있다. 시세보다 훨씬 낮은 가격인데도 여전히 부담으로 컸고, 이 때문에 열악한 거처를 떠나지 못했다. 부담 가능한 수준의 임대료를 위한 제도 정비가 필요하다고 여겨진다. 당첨된 주택이 좁은 원룸이고 사는 동네를 떠나기 싫어서 이사하지 않겠다는 이도 있었다. 여러 가지 이유로 인해 기존에 살던 집과 동네를 떠나는 결정은 각자에게 쉽지 않은 것이었다. 입주 과정에 느낄 수 있는 심리적 부담을 덜 수 있는 현명한 지원 방법이 무엇일지가 고민거리로 남았다.

노인을 위한 지원주택은 대부분 지역사회에서 독립적으로 생활해오던 이들이 질환 등으로 거처를 유지하면서 생활하는 데 어려움을 겪을 경우에 제공된다. 독립적인 생활을 잘 유지할 수 있게 부족한 점을 보완하여 가능한 오랫동안 지역사회에 거주하도록 돕는 것이 지원의 핵심이다. 구체적으로는 질병의 진행을 지연시키고, 보건의료적 필요나 응급상황에 잘 대응할 수 있게 하고, 배회나 저장수집 등의 문제가 될 수 있는 행동을 줄이고, 변화하는 상태를 고려하여 지역사회에서 필요한 서비스를 이용할 수 있게 돕는 일 등이 포함된다.

요양시설에 가지 않고
지역사회에 사는 방법 찾기

최진오(가명)님은 보증금 500만 원, 월세 30만 원에 반지하 주택에 혼자 살고 있었다. 시각장애로 청소를 제대로 하지 못하고 생활하고 있는 것을 동주민센터에서 확인했다. 그는 뇌병변장애, 고혈압, 당뇨, 뇌졸중, 퇴행성관절염 등 장애와 만성질환을 앓고 있었다. 심리적으로도 중간 수준의 우울증이 있었고, 자살 경향성 검사에서는 중위험군인 것으로 확인되었다.

광진주거복지센터와 지역 보건지소 등이 함께 통합사례회의를 하고 다양한 영역의 필요에 대응했다. 주거복지센터는 청소와 방역을 지원했다. 보건소의 방문간호사와 건강돌봄팀이 만성질환에 대응하고 건강관리 서비스를 제공하였다. 우울증 완화를 위해서 집으로 찾아가는 국악 서비스도 연결했다. 왼쪽 편마비 작업 치료 및 어깨 통증 제어를 위하여 주 3회 보건소 재활치료 서비스도 받기로 했는데, 이것은 통원이 어려워서 포기했다.

지역사회의 돌봄 지원을 어렵게 하는 중요한 문제는 주거환경이었다. 대문에서 이어진 계단과 높은 현관 문턱, 물건이 적치된 입구로 인해 통행이 어려웠다. 몸을 씻을 공간도 너무 좁았다. 집을 옮기지 않고는 생활하기 어려운 상황이었다. 전세임대주택을 구해서 옮기는 것이 가장 현실적이고 신속하게 대응할 수 있는 대안이라고 판단했다. 하지만 민간임대주택 중에서 장애가 있는 노인을 위한 편의시설이 있는 주택을 구하는 것은 가능한 일이 아닌 것 같았다. 제대로 된 집을 구하지 못하면 조만간 요양시설에 입소하는 수밖에 없을 것이라고 여겨졌다. 돌봄 서비스가 가능한 지원주택을 제공하면 독립생활을 유지하면서 지역사회에서 생활할 수 있게 될 것이다.

깨끗한 집에서 살고 싶다

2020년 7월 윤영순(가명)님은 보증금 3,400만 원에 LH 전세임대주택에서 5년째 살고 있었다. 본인이 부담한 보증금은 140만 원이다. 코디네이터가 방문했을 때 출입구가 쓰레기와 잡동사니로 막혀 있었다. 간신히 들어간 방 안도 상자와 항아리가 천장까지 쌓여 있고 상한 음식과 비닐봉지, 폐우산 등으로 발 디딜 틈이 없었다. 창문도 잡동사니로 막혀서 환

기되지 않고 퀴퀴한 냄새가 나고 날파리가 날아다녔다.
윤영순님은 목소리가 크고 의사 표현이 정확하다. 장보기와 식사 준비는 스스로 한다. 겉보기에는 건강하다고 여겨졌다. 하지만 알츠하이머와 우울증 진단을 받고 치매안심센터에서 사례관리 중이었다. 이웃 주민이 들어와서 도둑질과 해코지를 한다고 생각하고, 요양보호사 등 외부인이 방문하는 서비스를 거부했다. 잡동사니 수집과 피해망상으로 임대인이나 이웃 간 갈등이 심했다.

노인 지원주택의 예비입주자로 선정되었지만, 이웃들과 잘 지낼 수 있을지 걱정이 되었다. 한여름 땡볕을 피해 담벼락에 기대서 한참을 윤영순님의 이야기를 들었다. 새집에 대해 이런저런 이야기를 하다가 "깨끗한 집에 살고 싶다."고 했다. 여기처럼 문이 허술하지 않을 거니까 쓰레기로 출입구를 막을 필요도 없을 것이라 한다. 깨끗한 집에 살고 싶다는 윤영순님의 말에 같이 잘해볼 수 있겠다는 생각이 들었다.

이사를 하기 전에 쓰레기를 정리해야 했다. 쓰레기는 새집으로 가져갈 수 없다고 설득하고 동주민센터에 사례를 공유하고 협력하기로 했다. 광진구 위기가정통합지원센터에 폐기

물 처리를 도와 달라고 요청했다. 9월 8일 약속한 날이 되었다. 오전 10시부터 동주민센터가 주도하고 사회복무요원 4명과 구청 청소과가 협조해서 쓰레기를 꺼내고 분류하고 차에 싣고 옮기는 일을 반복했다. 작업이 끝난 오후 4시까지 이웃 한 명이 윤영순님과 이야기를 나누면서 안심시키는 보호자 역할을 했다.

윤영순님은 추석이 되기 전에 동대문구 장안동 지원주택으로 이사를 했다. 입주민을 대표해서 개소식 테이프 커팅도 했다. 입주 소감도 이야기하고 멋지게 노래까지 불렀다. 코로나19 때문에 소규모로 진행한 개소식 분위기가 살아났다. 입주 초기 낯선 동네에 익숙해질 때까지 코디네이터가 동행 산책을 다녔다. 하지만 여전히 치매로 인한 배회와 경찰차 호송을 받으면서 귀가하는 일이 반복되고 있다. 잡동사니 수집도 계속되고 있다. 그러나 모든 과정을 함께 한 코디네이터가 아래층 사무실에서 주의 깊게 관찰하고 있다. 매일 약은 잘 드시는지 확인하고, 일주일에 한 번 이상 조심스럽게 가정방문을 통해 주거환경에서 위험 요소를 살피고 있다.

<u>지역사회 돌봄 역량을 강화하는</u>
<u>노인 지원주택</u>

도우누리는 돌봄 서비스를 수행하는 사회적협동조합이다. 도우누리는 노인 지원주택을 시작하기로 했다. 지원주택이 나이가 들고 몸이 불편해져도 지역사회에 계속 생활하면서 돌봄을 받는 통합돌봄의 중요한 수단이라고 생각했기 때문이다.

안정적인 주거, 맞춤형 돌봄 서비스 제공, 돌봄 네트워크 강화를 지원주택 사업의 세 가지 목표로 정했다. 안정되고 편안하게 생활할 수 있는 주거환경은 돌봄 서비스를 제공할 수 있는 토대이고 그 효과를 높일 수 있는 조건이다. 또한 모든 노인은 각자의 상황에 맞고 그들이 원하는 방법으로 지원을 받을 수 있어야 한다. 입주민들의 다양한 필요에 대응하고 가능한 독립적이고 건강한 생활을 유지할 수 있게 돕기 위해서는 지역사회의 다양한 주체와 자원이 활용되어야 하고, 지역사회가 종합적이고 협력적으로 대응할 수 있어야 한다.

이런 목표를 반영하고 있는 것 중 하나가 노인 지원주택의 커뮤니티 공간이다. 이곳은 입주민들에게는 급하게 도움을 청할 수 있고 입주민 간 관계를 만들어가는 창구이다. 또한 이 공간은 지역사회 돌봄 역량이 모이는 장이기도 하다. 커뮤니티 공간에서는 다양한 돌봄 공동체 프로그램을 진행한다. 손뜨개, 양말 공예 등 인지재활 프로그램, 힐링 원예, 국악 프로그램 등은 정서적 돌봄과도 관련된 것이다. 일부 프로그램은 지역의 치매가족모임 회원들이 자원봉사로 진행하고 있다. 커뮤니티 공간이 지역 주민들과 입주민과 만나는 본래의 목적을 수행하고 있다. 앞으로 커뮤니티 공간에서 반상회도 열리고, 혹서기와 혹한기 쉼터로도 활용될 수 있을 것이다. 지역사회 돌봄 역량을 조직하고 입주민들의 지역사회 관계망을 강화하는 거점이 될 것을 기대한다.

지원서비스에 대한 고민

서울시에서 노인 지원주택은 다른 분야들과 달리 시범사업을 거치지 않고 2020년 시작되었다. 3~4개월의 짧은 운영 경험만으로 성과를 평가하기는 어렵다. 하지만 현장에서 느끼는 어려움과 고민을 나누는 것은 신속하게 이루어질 필요가 있다. 지원서비스와 관련해서 원칙을 정하고 적절히 적용하는 것이 가장 중요한 과제라고 생각된다.

노인 지원주택에서 코디네이터의 업무는 두 가지로 구성된다. 하나는 생활 밀착형 직접 서비스로 복약 관리, 주방 하이라이트 사용법 안내, 동주민센터 동행, 배회하는 어르신 찾기, 현관문 앞에서 비밀번호 알려드리기 등이 포함된다. 다른 하나는 상담을 하고 서비스 계획을 세우고, 자원을 연계하고, 그 내용을 기록하는 사례관리 업무이다.

코디네이터가 담당해야 할 직접 서비스의 수준과 내용에 대해서는 고민이 된다. 입주민 가족은 종종 코디네이터에게 시설 보호 수준의 돌봄을 요구하곤 한다. 그래야 걱정이 줄어들 것 같이 느끼기 때문이다. 하지만 자립 생활을 가능한 한 오래 유지하기 위해서는 일률적으로 시설에서와 같은 서비스를 제공하는 것은 적절하지 않다. 입주자의 변화와 서비스에 대한 필요를 잘 파악하여 생활의 불편은 줄이고 자립 생활에 대한 능력과 자기 결정권은 강화할 수 있게 조정하는 것이 핵심적인 과제이다.

그 밖에도 다양한 상황에 대처하는 방법에 대한 지식과 경험이 축적될 필요가 있다. 인지적 어려움이 있는 경우 어느 정도의 지원이 적절한지에 대해서는 전문적인 검토가 필요하다. 입주민이 입원하거나 가족이 없는 입주민의 장례를 치르는 등 특별한 상황에 대응하는 방법도 체계화되어야 할 것이다. 이런 요소들을 보완하면서 주거와 돌봄이 필요한 노인들을 위한 지원주택이 더 발전하고 늘어나기를 기대한다.

지역사회에서 함께 살기 위한 노력의 결실

최영열

'희망나래'는 2015년 8월 발달장애인 가족이 중심이 되어 설립된 사회적협동조합이다. 고등학교를 졸업하면 갈 곳이 없어지는 발달장애인의 자립을 위해서 장애인일터, 주간활동센터, 그룹홈을 시작했다. 발달장애인이 지역사회에서 보통의 삶을 살아가기 위한 다양한 일을 해오고 있다.

2019년 5월 희망나래 조합원 교육으로 강태인 충현복지관 관장님을 모시고 '성인기 발달장애 자녀의 자립 준비'라는 특강을 했다. 성인기 발달장애인이 지역사회에서 살아갈 준비를 하기 위해서 충현복지관의 주거지원서비스 사업과 지원주택 운영 사례에서 배우고자 했다. 희망나래의 지원주택 사업은 이렇게 시작되었다.

제주시는 장애인 분야 지역사회 통합돌봄 선도사업 지역으로 선정되었고, 2019년 7월 보조사업수행기관 공모에서 사회적협동조합 희망나래가 선정되었다. 곧이어 장애인 지원주택 마련을 위한 협의가 진행되었다. 제주특별자치도개발공사의 매입임대주택 6호를 지원주택으로 활용하기로 했다. 사회적협동조합 희망나래가 제주특별자치도개발공사와 계약을 체결하고 지원주택을 위탁 운영하기로 했다. 입주자 공모는 제주시가 하고, 제주시장애인지역사회통합돌봄지원센터 운영위원회에서 최종 입주자를 선정하기로 했다.

주민센터 장애인통합돌봄창구에서 입주자 신청을 받았다. 제주시에 거주하는 만 19세에서 55세까지의 발달(지적·자폐성) 및 뇌병변장애인이면 신청 할 수 있었다. 생활시설에서 퇴소하고자 하거나 입소를 기다리고 있던 장애인이나 재가장애인 중 지원을 받아서 자립하고자 하는 이들은 모두 신청할 수 있었다.

2019년 말에 지원주택 6호에 입주할 8명의 입주자를 선정했다. 발달장애인 7명과 뇌병변장애인 1명이었다. 입주자 특성을 고려하여 편의시설 공사를 했다. 특히 뇌병변장애인의 주택의 경우 현관과 욕실의 문턱을 없애고, 안전손잡이, 슬라이딩 도어 등 편의시설 설치를 위한 큰 규모의 공사를 했다. 입주에 앞서 냉장고, 옷장, 세탁기, 전자레인지, 밥솥, 청소기 등을 갖추었다. 침대, 소파 등은 입주자가 마련했다.

자립 생활을 돕기 위한 전문 인력인 '행복코치'가 일상생활 지원부터 투약 관리, 은행 업무 등 다양한 영역에서 필요한 서비스를 제공하고 있다. '행복플래너'는 행복코치의 업무를 조정하고, 개인별 통합돌봄계획 수립 및 사례관리, 다양한 프로그램 지원, 자원 개발 및 서비스 연계 등의 지원을 한다. 동주민센터에 가서 전입신고를 하는 것을 돕고, 지역사회에서 지원받을 수 있는 서비스도 꼼꼼하게 챙겼다. 지역사회에서 생활하는 데 필요한 의식주, 금전 관리, 위생관리 등과 관련한 지원계획을 만들고 필요한 서비스를 연계했다.

지역사회에서 자립생활을 시작하다

입주자 8명 중에서 장애인거주시설 퇴소자는 4명이다. 이들 중 3명은 시설에서 생활하는 동안 보호작업장을 다녔다. 모아둔 돈도 있고 수입도 있어서 기초생활 보장 수급자는 아니었다. 체험홈에서 생활한 경험도 있고 일자리도 가지고 있어서 자립 생활에 어렵지 않게 적응했다.

거주 시설에서 나온 나머지 1명은 특수학교에 다니며 지역의 조그마한 카페에서 일했다. 그는 기초생활 보장 수급자였다. 지원주택에서 생활한 지 4개월 정도가 지났을 때 카페에서 일을 그만하고 싶다고 했다. 일을 많이 하는데 월급이 적다는 불만을 품고 있었다. 보호작업장을 다니는 언니들은 4시간 일하고 90만 원을 받는데, 자기는 더 많이 일하는데 월급이 적다는 것이다. 아침에 일찍 나가는 것도 힘들다고 했다.

행복플래너가 상황을 확인했다. 카페 일은 그만두고 다른 일을 찾기로 했다. 자기 상황에 대해서 적절하게 판단하고 있어서 대안을 찾는 일을 도왔다. 장애인고용공단의 도움을 받아서 다른 일자리를 알아보았다. 일하지 않는 동안은 학교에 가서 취업 준비를 하기로 했다. 카페를 그만두고 한 달 정도 지나서 축협에서 사무보조로 발달장애인을 뽑는다는 정보를 얻었다. 장애인고용공단의 연계로 면접을 하고 취업이 되었다. 축협에서 사무보조를 하는 것에 대해 자부심을 가지고 있다. 오전 8시 30분부터 오후 12시 30분까지 4시간 일하고, 적절한 급여도 받고 있다. 오후에는 바리스타 교육을 받았고, 2020년 12월 바리스타 자격증도 취득했다. 입주자의 말이다.

"지원주택에 사는 것은 꿈만 같은 일이에요. 그전에 생활보다는 100배 더 좋아요."

쉼터에서 생활하던 2명은 지적장애가 있다. 거주시설에서 장애인 학대 사건이 발생하여 당분간 그곳에 있었다. 장애인권익옹호센터에서 정보를 제공하여 지원주택을 신청하였다. 그들은 쉼터에서 함께 살았기 때문에 지원주택에서도 같이 생활하고자 했다. 기초생활 보장 수급자로 생계급여와 장애인연금을 받는 것으로 생활비를 충당하고 있다. 중복장애를 가지고 있어서 상대적으로 더 많은 일상생활에 대한 지원이 필요하며, 일자리를 갖기는 쉽지 않았다. 낮 동안 장애인 주간활동센터를 이용하고 있다.

지역사회에서 생활하다가 지원주택에 입주한 2명 중 1명은 뇌병변장애인이다. 이전에 살던 집은 빌라 2층이었는데, 엘리베이터가 없어서 전동휠체어를 1층에 두어야 했다. 장애인일자리사업에 참여하고 있어서 출퇴근을 해야 했는데, 매일 활동지원사가 업고 계단을 오르내려야 했다. 방에서 거실로 나오려면 문턱이 있어서 힘들었고, 거주공간이 좁아서 실내 휠체어 사용도 어려웠다. 같이 생활하는 어머니 역시 고령이어서 누군가의 도움이 필요한 상황이었다.

이동에 불편을 없애기 위해서 대대적인 공사를 했다. 현관에 신발장을 없애서 전동휠체어를 보관할 수 있게 했다. 현관과 화장실 문턱을 제거했다. 화장실 벽을 일부 없애고 문을 크게 달았고, 화장실 내 편의시설도 갖추었다. 집안에서 휠체어를 사용할 수 있게 되었다. 활동지원사가 없어도 혼자서 외출을 할 수 있게 되었다. 통합돌봄센터 이동지원 차량 '누리카'를 이용해서 혼자서 외출하기도 한다.

가족들과 생활하다 지원주택으로 독립한 다른 1명은 지적장애가 있다. 시설은 정해진 규칙과 통제가 있어 적응하기 어려웠다고 한다. 지원주택 입주자로 선정되고 가구가 분리되어서 생계급여와 장애인연금을 직접 받게 되었다. 후견인이 지정되어 금전관리와 관련한 도움을 받고 있고, 가사를 비롯한 일상생활에 대한 지원은 활동지원사가 제공하고 있다. 전문대 사회복지학과를 졸업하여 전공을 살릴 수 있는 일을 하고 싶었으나 직장을 구하지 못했다. 2020년 말부터 장애인일자리사업에 참여하고 있다. 중국어를 공부하고 싶어서 중국어 학원에 다녔고, 2021년도 제주대학교 중어중문학과에도 합격했다. 합격통지서를 가지고 센터를 찾아왔다.

"앞으로 장애인일자리 안 하고 대학교 다니고 싶어요."라고 했다.

지역사회에서 보통의 삶을 유지하기 위한 버팀목

현재 제주개발공사에서 임대를 받아 운영 중인 지원주택 9호에는 모두 11명이 살고 있다. 2020년에 3호를 더 확보하여 3명이 추가로 입주했다. 그들 중에서 활동지원사의 지원을 받는 입주자는 4명이고, 7명의 발달장애인은 활동지원을 받지 못하고 있다. 다행히 지원주택에서는 행복코치 3명이 주거지원서비스를 제공하고 있어서 입주자의 자립생활을 지원하고 있지만, 활동지원은 더 보완될 필요가 있다. 활동지원은 장애인의 필요에 대응할 수 있어야 하는데, 신체 기능 위주로 구성된 평가지표로 인해 발달장애인의 필요가 적절히 충족되지 않고 있다는 것을 고려해야 한다.

장애가 있어도 자신이 살던 곳에서 혹은 살고 싶은 곳에서 생활할 수 있는 여건을 제공하기 위해서 지원주택은 중요한 수단으로 활용될 수 있다. 지역사회 통합돌봄의 핵심적인 요소로 지원주택을 고려해야 한다. 이를 확대하기 위해서 법률도 필요하고, 지방정부는 조례도 만들어야 할 것이다.

그런데 사람들은 지원주택이 무엇인지 잘 모른다. 설명해도 이해하기 쉽지 않은 모양이다. 입주자의 가족 중에서 "왜 그냥 시설처럼 돌보지 않느냐?"고 묻는 경우가 있다. 그리고 "지역사회 통합돌봄 선도사업이 끝나면 지원주택이나 지원인력은 어떻게 되느냐?"는 질문도 한다. 지원주택에 대한 이해나 제도적 기반에서 불완전한 면이 있는 것이다. 하지만 이것이 지원주택 사업의 당위성을 약화시키지 않는다. 이미 입주한 사람들의 생활을 통해서 지원주택이 그들의 꿈과 희망의 버팀목이라는 것을 분명히 확인할 수 있기 때문이다.

3장

지원주택에는
변화가
있습니다

"지역 주민들이 서 씨를 발견하면 자립주택까지 데려다주거나 담당 사회복지사에게 연락한다. 이런 일이 반복되면서 3개월 정도 지나자 인근 주민 대부분이 서 씨와 자립주택에 대해 잘 알게 되었다. 서 씨는 자연스럽게 주민들의 관심과 돌봄을 받으며 생활하고 있다."

"여인숙 방에서 가만히 누워 천장을 바라보며 눈물만 흘리던 사람이 지금은 연신 고마움에 눈시울이 젖은 채 행복한 미소를 짓는다."

집에서 하루의 고된 피곤을 풀어냅니다.
집에서 밥과 사랑을 먹으며 살아갑니다.

의식주가 생존을 대신하는 말처럼
집은 삶의 밭이 됩니다.
밭에 무엇을 심을지는
오롯이 주인의 마음입니다.

지원주택에서 먹을 것과 자는 시간과
하고 싶은 일을 스스로 정합니다.

그런 선택의 자유와 책임이 변화입니다.
자립, 성장, 취직, 복지는
변화의 한 부분에 지나지 않습니다.

지원주택에는 선택하는 변화가 있습니다.

나와서 살아도 괜찮아

김건우

눈웃음이 매력적인, 순수하고 해맑은 미소를 지닌, 누구보다도 여유롭고 조심스럽게 천천히 행동하는 이승준(가명)님의 이야기이다. 2019년 11월 19일. 부쩍 추워진 날. 김포로 가는 길은 설렘 반, 걱정 반이었다. 프리웰지원주택에 입사하고 난 후 연이은 2주간의 길고 긴 직원교육을 마치고 드디어 실제로 당사자를 만나러 가는 길이었기 때문이다. 김포는 내게 낯설지 않은 지역임에도 불구하고 한 번도 가보지 않은 지역을 가는 것처럼 지하철의 공기는 무거웠다. 누구나 마찬가지겠지만 익숙하지 않은 일을 처음 할 때 겪는 부담감이다. 설렘 반, 걱정 반이라고는 했지만 아무래도 걱정이 더 컸던 발걸음이었다.

이승준님은 어릴 적 어느 시설에 입소해서 그 후 줄곧 장애인시설에서 살아왔다. 어린 나이에 부모님과 헤어지는 것, 많은 사람과 함께 통제된 집단생활을 하는 것이 그에게는 어떤 것이었을까? 이런 환경 속에서 그는 어떤 꿈을 가지고 있었고, 그것을 얼마나 이룰 수 있었을까? 이런 생각을 하다 보면 가슴이 답답해지곤 한다. 수십 년간 시설 생활을 견뎌낸 그가 이제 탈시설을 눈앞에 두고 있다.

시설에 도착하니 많은 입소자가 우리를 반겼다. 낯설지만 웃음을 띤 그들의 표정에 긴장감은 한결 줄어들었다. 시설 담당자의 오리엔테이션이 있었고, 이어서 앞으로 지원주택에 입주할 분들을 한 분씩 만났다. 이승준님과의 첫 대면이었다. 그의 첫인상은 어린아이 같은 순수함이었다. 뚜렷한 이목구비, 하얀 피부, 맑은 눈망울, 가끔 보이는 미소가 인상적이었다. 그 전에 이야기를 듣기는 했으나, 직접 만나는 느낌과는 달랐다.

대화를 시도했다. 지금 무엇을 하고 있는지, 이사 준비는 잘 되고 있는지, 이사 오면 어떤 생활을 하고 싶은지 등을 물었다. 그러나 이승준님은 가지고 있는 블록에만 집중했다. 가끔 쳐다보기는 했지만, 매우 짧은 아이콘택트였다. 아무래도 낯설어서 그러리라 생각하고 있던 중 가지고 놀던 블록을 나에게 건네주었다. 그러면서 웃음을 지었다. 그동안 걱정했던 마음이 눈 녹듯이 사라져버렸다. 이런 것이 공감이 아닐까 하는 생각이 들었다. 대화보다는 같이 놀이를 하면서 공감대를 만들었다. 헤어질 시간이 되어서 입주하는 날 보자고 인사를 하며 그날의 만남을 마무리했다.

돌아오는 길. 무언가 홀가분한 기분과 앞으로 어떻게 해야 할지 고민되는 심정이 교차했다. 무엇보다도 이승준님은 과거보다 더 행복해야 하고, 그것이 나의 임무라는 생각이 머릿속을 맴돌았다.

잊지 못할 겨울날

2019년 12월 2일. 분주한 입주기념식이 있었다. 이날을 얼마나 기다렸던가. 드디어 선우빌이 온기로 채워지는 순간이었다. 11월 한 달 동안 우리는 이승준님을 비롯한 입주민

10명이 안정적으로 정착할 수 있도록 정신없이 준비해왔다. 이사 오는 이들의 기대를 얼마나 충족시킬 수 있을까? 도착했을 때 실망하거나 언짢아하면 어쩌지? 살면서 어떤 어려움이 나타날까? 여러 가지 걱정을 했다. 그들은 단순히 이사를 오는 사람이 아니다. '시설생활'이라는 기나긴 터널을 나와 자기 공간으로 가지고 새 출발을 하는 의미심장한 변화를 겪고 있는 사람들이다.

입주기념식 당일. 우리는 분주하게 움직였다. 미리 정해진 활동지원사들과 함께 풍선을 불고 선물을 챙기면서 입주하는 사람들을 맞을 준비를 했다. 지역의 장애인자립생활센터 등 관련 단체의 활동가들도 와서 함께 준비를 도왔다. 유난히 추운 날이었지만 선우빌의 온도는 점점 높아졌다.

깨끗하게 정리된 앞마당. 현수막과 메시지가 적힌 풍선들. 판넬에 기록된 자립 과정. 준비는 끝났다. 드디어 이승준님과 입주민을 태운 버스가 도착했다. 한 분씩 내릴 때마다 박수와 함께 축하 인사가 쏟아졌다. 그는 노란색 패딩을 입고 고개를 푹 숙인 채 휠체어를 타고 있었다. 인사가 끝나고 환영식을 할 장소로 이동했다. 휠체어 손잡이를 꼭 잡은 손은

긴장되어 있었다. 이제 새로운 출발이다.

행사가 끝나고 자장면으로 점심을 먹은 후에야 살 집으로 올라갔다. 집 안 구석구석과 정리할 짐들을 보면서 어떻게 배치할지 구상했다. 이동 동선도 고려하고, 생활에 필요한 것과 선호하는 것이 무엇인지 생각하면서 이삿짐을 풀었다. 이승준님은 김진영(가명)님과 함께 한집을 사용하기 때문에 서로의 공간도 고려해야 했다. 공간을 하나씩 채워가면서 지원주택의 삶이 시작되었다.

나도 그와 함께 지원주택에서 새로운 출발을 했다. 이승준님, 너무 걱정하지 마시라. 이승준님은 혼자가 아니다. 우리도 있지만, 생각보다 주변엔 도움을 주는 이들이 많다. 오늘은 아무 생각 없이 푹 주무시기 바란다. 진심으로 입주를 축하한다.

가득한 웃음, 생활의 온전한 변화

2020년 5월. 입주한 지 벌써 150일이 지났다. 녹음이 짙어지면서 이승준님의 생활도 점점 여유로워졌다. 입주 후의 분주

함은 지나가고 안정된 삶의 패턴이 자리를 잡았다. 좋아하는 놀이 도구도 점점 늘어났다. 새로운 자극을 찾고 그것에 익숙해지는 모습을 보인다. 안정된 삶이 새로운 시도를 하게 돕는 듯하다. 코로나로 인해 자유롭게 외부 활동을 할 수 없어서 선택의 폭이 넓지 않은 것은 아쉬운 점이다.

선우빌 주변에는 시장이 있다. 마트, 반찬가게, 음식점 등이 가까워서 필요한 물건을 편하게 살 수 있다. 은행도 가깝다. 기존에 가지고 있던 통장이 있었지만, 생활비 관리를 위해서 통장을 하나 더 만들었다. 의원과 약국도 많아서 쉽게 이용할 수 있다. 특히, 좋은 것은 산책을 할 수 있는 공원이다. 전철 역사에 한적한 공원이 있고, 1km 정도만 가면 큰 공원도 있다.

예전에 이승준님은 매우 경직된 표정을 짓고 있을 때가 많았다. 낯선 사람에게는 선뜻 다가가지 못했다. 하지만 이제는 그렇지 않다. 자기 물건을 상대방에게 주는 것을 좋아하고, 물건을 주면서 먼저 기뻐한다. 자상하고 따뜻한 마음을 느낄 수 있다. 필요한 것이 있으면 바로 의사 표현을 적극적으로 하기 시작했다. "저거 줘."라고 말하기도 하고 손짓이나 몸짓으로 표현한다. 감정 공유와 의사소통이 발전하는 것을 확인할 수 있다. 가장 행복하게 느껴진 변화였다.

나에게도 변화가 생겼다. 부끄럽지만 나는 성격이나 행동이 매우 급하다. 다른 사람들도 그렇다고 한다. 이승준님은 반대이다. 천천히 그리고 여유 있게 생활한다. 이런 모습을 보면서 무엇 때문에 그렇게 급하게 사는지 생각하게 되었다. 이승준님은 신체의 강직 때문에 팔에 힘을 주면서 기어서 이동한다. 그래서 체력 소모가 크다. 그는 중간에 포기하지 않고 끝까지 힘을 내서 목표한 것을 이룬다. 이런 모습을 보고 또 나를 되돌아보면서 변화를 느낀다. 아직 반년이 지나지 않았지만, 이승준님의 긍정적인 변화가 분명하게 확인된다. 앞으로의 가능성은 더 큰 기대를 하게 한다. 독립적이고 자유로운 삶, 그리고 안정된 삶은 힘이 있다.

첫 출근, 직장인들 속으로

2020년 7월 6일. 이승준님은 첫 출근을 했다. 서울시의 '권리중심 중증장애인 공공일자리'이다. 중증장애인도 직장생활을 할 수 있도록 연결하는 사업이 있다는 소식을 들었을 때,

먼저 그가 떠올랐다. 사람들과 어울리기를 좋아하는 그를 위한 새로운 도전이자 기회라고 생각했다. 게다가 직장인이 될 수 있다.

우선 이승준님과 공공일자리에 대한 정보를 공유했다. 사진과 그림을 보여주면서 어떤 활동을 하는 것인지 설명하고, 그 활동이 그가 좋아하는지를 파악했다. 손짓으로 표현하는 것을 유심히 살펴보면서 관심을 보이는지 확인하였다. 최종적으로 그가 표현한 의사와 지원자가 검토한 내용을 토대로 공공일자리 참여 신청서를 함께 작성하여 제출했다. 면접이라는 떨리는 과정을 거치고, 마침내 일자리 참여자로서 합격했다는 소식을 전달받았다.

드디어, 기대하던 첫 출근을 하는 날이 되었다. 위치는 영등포. 많은 사람이 치열하게 생활하는 도심, 수많은 회사가 모여 있는 대형 건물의 한 공간으로 출근을 했다. 이른 아침 출근을 서두르는 인파 속에 그가 있다. 장애인 콜택시를 이용하여 건물 앞에 내려 12층까지 올라가는 엘리베이터에 몸을 싣는다. 첫날은 자기 소개를 하고 일자리 사업의 취지에 대한 설명을 들었다. 이후 만다라를 그리며 예술에 심취하기도 하고, 주변 마트에서 재료를 사서 새로운 음식을 창조하기도 하고, 끈으로 리본과 머리띠를 만들기도 했다. 이런 활동은 앞으로 그가 충실히 해야 하고 또 할 수 있는 일이다. 즐거워하는 모습이었다.

장애인자립생활센터가 직장이었다. 실내 활동만이 아니라 외부 활동 중에서도 의미 있는 것이 많았다. 장애인 이동권 보장을 위한 투쟁, 지하철 내 편의시설 확충 요구, 부양의무제 폐지 요구, 장애인활동지원제도 확대를 위한 걷기 투쟁, 지역사회 경사로 확충을 위한 캠페인 등 다양한 활동을 했다. 물론 이승준님도 참여했다. 권리를 찾기 위한 투쟁의 의미를 이해하고 있을 것이다. 하나의 뜻을 향해 외치는 목소리들이 전하는 전율도 느끼고 있을 것이다. 이런 활동을 직접 경험하고 있는 그는 장애인 운동의 역사적 현장에 있는 이승준이다. 공공일자리에 참여하면서 그는 많은 새로운 경험을 하고, 의미 있는 날들을 보내고 있다. 부디 이 사업이 오래 유지되기를 기대한다. 청년 이승준이 계속 더 넓은 세계로 나가는 모습을 보고 싶다.

앞으로를 응원하며

2021년 1월 27일. 입주한 지 약 14개월이 지났다. 나는 좋은 지원자였던가 의심스럽다. 말과 겉치레로만 지원한 것은 아닌지, 욕구와 선호를 잘못 파악했던 것은 아닌지 걱정이 된다. 앞으로는 좀 더 잘해야지 다짐하면서 또 이승준님을 만난다.

그가 건강하고 행복해지기를 진심으로 바란다. 최근 병원 신세를 많이 졌다. 신체 강직도에 있어서 지속적인 치료와 검진이 필요하다. 그가 아프면 마음을 졸이게 된다. 그는 스스로 행복을 만드는 사람이다. 타인으로부터 행복을 넘겨받지 않고, 스스로 행복을 만들어서 다른 사람들에게도 전해주는 사람이다. 처음 만난 날 블록을 줄 때부터 그런 사람이었다. 이런 정체성을 유지하고 발전시키기 위해서는 주변에서 세심한 지원을 받을 수 있어야 한다. 그와 함께 좋은 세상으로 나아갈 수 있을 것이라 확신한다.

글을 쓰면서 이승준님이 참 달라 보이는 경험을 했다. 더 많이 생각하고 더 명확하게 표현해보는 소중한 기회였다. 사람의 감정이나 태도는 관심에 영향을 받는 것이 분명하다. 좀 전에 그의 집을 다녀왔는데, 글을 마무리하면 또 찾아가 볼 작정이다. 가서 이야기를 나누고 장난을 치며 생각을 나눌 것이다. 올해에는 코로나가 종식되어서 함께 이곳저곳을 돌아다니면서 바람에 묻어나는 소소한 행복도 함께 나누고 싶다.

일상

임소라

이인혜 씨를 처음 만난 날은 입주를 10일 정도 앞둔 11월 21일이었다. 샘보호작업장에서 퇴근하는 인혜 씨와 어색한 인사를 나누고 양천구청역까지 함께 걸어갔다.

"안녕하세요? 전 임소라라고 해요. 인혜 씨 오류동으로 이사 가잖아요. 거기서 인혜 씨 도와드리려고 왔어요."
"네, 선생님(이에요)?"
"전 선생님은 아니고 인혜 씨가 부르고 싶은 대로, 생각해보고 불러줘요."
한 시간 후, 인혜 씨가 전에 살던 신정동 체험홈에 도착하자 다시 나를 손가락으로 가리키며 불렀다.
"언니, 언니!"
그날부터 나는 인혜 씨의 언니가 되었다.

오늘은 3월 30일. 인혜 씨가 이사 온 지 4개월이 지났다. 코로나19 이후 인혜 씨는 커뮤니티센터에 매일 찾아온다. 501호 아저씨가 선물하신 커피 맛 아이스크림을 먹으며 우리가 처음 만난 날에 대해 같이 이야기해 본다.
"우리 처음 만난 곳이 어딘지 기억나?"
인혜 씨는 휴대폰에 저장된 작업장을 배경으로 찍은 셀카 사진을 보여주었다.
"인혜 씨 집에서 이사 올 때 가져올 것에 관해 이야기했었지?"
"응, 이거 (테이블을 손으로 툭툭 치며) 의자."
"이사 가는 거 알고 있었어?"
"응."
"이사 오니까 좋았어?"
"응."

오류동으로 이사 온 날부터 인혜 씨는 같은 질문을 여러 번

들었다.

"이사 오니까 좋아요?"

어떤 날은 자신 있게, 어떤 날은 질문자의 시선을 피하며 작은 목소리로 답한다.

"응."

"어떤 게 좋아요?"

인혜 씨의 대답은 늘, "…" 아니면, "그냥…"

인혜 씨는 나를 언니라고 부르며 속상하다고 울기도 하고, 빵 터지며 웃기도 하고, 나의 장난에 화가 나서 휙 가버리기도 한다. 하지만 어떤 생각이 드는지, 어떤 일이 있었는지를 들어보기 위해서는 내가 먼저 여러 가지 질문을 해야 한다.

"신정동과 비교할 때 어디가 더 나은 거 같아?"

"여기."

"지원주택에 와서 제일 좋은 건 뭐야? 방이야? 사람들이야?"

"방."

"신정동보다 여기가 뭐가 좋아?"

"응. 여기 4층(손으로 위아래를 왔다 갔다 하며) 있어서 좋아."

"엘리베이터가 있어서 좋아?"

"응, 신정동 없어."
"또 뭐가 좋을까?"
"여기 (커뮤니티센터에 있는) 사람들 좋아!"
인혜 씨는 2달 전 어느 날, 퇴근 후 커뮤니티센터에 오자마자 "싸웠어."라며 꺼이꺼이 울었다. 그리고 3주 동안, 코디들이 화해를 권유하고, 다른 작업장도 가보고, 원래 다니던 작업장에 출근도 함께 했다. 늘 "응, 알았어."라며 코디들의 의견을 따라주던 인혜 씨이지만 이번만큼은 단호했다. 인혜 씨는 노들야학을 선택했다.

"노들 가면 새로운 친구 만날 수 있을 것 같아?"
"응."
"샘 작업장 다시 다닐 거야?"
"아니."

그리고 대망의 첫 등교일, 코로나19로 야학은 휴교에 들어갔다.

오늘도 인혜 씨는 심심해 보인다.
"신정동에서 심심했어?"

"응, 잠잤어."
"심심해서 잠만 잤어?"
"응."
"여기는 안 심심해?"
"괜찮아."
"요즘 인혜 씨 뭐해?"
"핸드폰 보고, 텔레비전 보고, 난옥 언니도 있고, 밥 먹고"
본인은 괜찮다지만 여전히 인혜 씨는 심심해 보인다. 하필 코로나19까지 겹치고 말이다.

그래도 인혜 씨와 자주 이야기를 나누는 선영지(가명) 코디네이터는 나에게 뿌듯한 듯 전한다.
"인혜 씨, 요즘에 말 진짜 많이 해요. 차에 탈 때도 어디 탈지 물으면 '앞에'라고 선택도 하고, 저랑 메가커피 카페 앞을 지나가다가 딸기요거트 광고를 보고 '맛있겠다.'라며 멈춰서기도 했어요!"

인혜 씨 말처럼 지원주택에 사는 건 좋은 것 같다. 인혜 씨 말처럼 그 자체만으로 말이다.

굿

호영선 씨는 최근 점심 후 담배 두 개비를 태우고 커뮤니티 센터를 꼭 방문한다. 차 한 잔과 이런저런 이야기를 나누는 시간이 맘에 드는 듯하다. 최근에는 믹스커피 대신 붉은빛의 차(히비스커스, 베리류의 차)를 마시기 시작했다.

오늘은 입주 후 호영선 씨의 살아가는 이야기를 듣고자 어제 요청을 해둔 터였다. 오류동에 온 후 변화된 부분에 관해 물었다.
"딱히... 애매하네..."
라며 선뜻 말을 꺼내지 못한다.
"삼촌(호영선 씨), 그럼 아침에 눈을 뜨는 상황부터 생각해 볼까요?"
"시설에서는 오전 6시에 생활 교사가 직접 깨우는 것은 아니지만, 일어나게 해. 이부자리를 개어준다거나(말도 없이 이불을 치우는 경우도 있다), 이곳으로 와서도 습관인지 항상 고정적인 시간에 눈을 뜬다. 딱 눈을 뜨면 그 시간이야."
"6시면 활동지원사가 출근하기 전이네요. 집 안에 김영석님(가명)과 두 분이 계실 텐데 불편하신 건 없으세요? 시설에서는 직원들이 계속 있었을 텐데 어디가 더 편하신 것 같으세요?"
"여기가 다 좋지. 내 나름의 생각할 것을... 오늘은 내가 무엇을 해보고 싶은지 정리도 하고, 세상 돌아가는 뉴스도 보고, 좋아하는 노래가 흘러나오는 방송을 뒤지기도 하고... 그게 많이 변화되었지."

평소 본인 이야기를 즐기는 삼촌의 진짜 수다가 시작되었다.
"시설에서는 누구누구가 아닌 전체적인 장애인들의 규정을 정하는 경우가 대다수인데, 여기서는 나를 위한 생활이지... 나를 위한 시간이 대부분이 할애가 되는 거지. 그 점이 나는 굉장히 좋다."
(오늘 선택하신 레몬티를 한 모금 드시고는)
"아! 뜨거워!!! 야, 이거 너무 뜨거운데!"
오늘도 나는 삼촌의 물 온도를 맞추지 못해 한 소리를 들었다.

"(향유의 집에서) 티타임은 따로 없었다...... 각 층마다 선생님들 업무 보는 자리가 있어서 내가 차만 들고 달랑달랑 들고 가서 '차 한잔합시다'하고 붙들어 놓는 거지."
"지금 저랑 같이 차 마시는 거랑 비슷한 상황이네요?"

"차이가 크지. 수동적인 상태에서 능동적으로 변해가는 거지. 전체라는 거에서 완전히 이렇게 개인주의로 삶을 사는 거니까. 그 생각이 좀 바뀐 것 같아. 내가 전에 이런 것을 체험한 적이 있었다(체험홈)...... 그쪽에서 나가서 생활할 때는 이런 나를 위한 '프리덤'이라는 게 없었다. 거기도 묶임을 당했다. 여기처럼 '내 방이다. 내 집이다'라는 거랑 다르게 공동이라는 게 따라붙더라고. 그게 싫었다. 체험홈에서 3명이랑 같이 살았다. 일상생활이 같이 시작된다. 일어나면서 잠들 때까지. 여기랑 비슷하게 코디 역할을 하는 사람은 있었어. 같이 있는 건 아니고 출퇴근하는 거고. 3명이 알아서, 살림도 3명이 알아서 하는 거였다. 지금 골뱅이(코디를 부르는 호칭)처럼 세세히 내 생활에 대해서 간섭해 주는 사람이 없었다. 내 입맛을 따라서 먹고 싶은 것을 먹고, 그러다 보니까 내 몸은 점점 마이너스가 돼가는 거지."

"체험홈 코디와 지원주택 활보나 코디들이 다른 점은 뭘까요?"

"지금 시스템이 훨씬 좋아... 체험홈을 나갔을 때는 소위 선생님이라고 칭하는 사람들이... 너무 내 생각을 지배하려 했었어. 근데 여기 와서 느낀 것은 그런 점은 없어. 다만 임소라만이 좀 내가 느끼기엔 잔소리를 많이 할 때가 있어. 그래도 그 시스템을 싫어하는 것은 아니야. 여기가 훨씬 좋아. 그래서 한마디로 '굿'이라고 팍 튀어나온 게 그런 점이지."
"시설에서도 잔소리가 있지 않았나요?"
"잔소리 있었지. 내 성격은 바로 충돌이 일어나… 그러면 내 장애를 입은 몸이지만, 저거를 한번 엎어, 말아, 일단 고민을 한다… 내가 수그러들 문제가 아니다 싶으면 바로 행동으로 들어가거든… (왼손을 주먹 쥐며) 무력을 쓴다거나 그런 행동이 나와."
"여기서도 울컥하실 때가 있지 않나요?"
"없다고 하면 거짓말이고, 내가 다스리는 거지. 내 마음을. 도 닦는 거지."
"마지노선을 넘진 않았죠?"
"넘었으면 난리 났지."

"활동지원사 분들은 어떠세요?"
"딱 여러 활보들을 놓고 봤을 때 제일 맘에 드는 스타일은 정호영(가명) 샘이다…… (다른 활동지원사들은) 자기 필요에 의해서 시간을 할애하는 것뿐이지 나를 중심으로 맞춰 주는 건 아니다…… 향유의 집이나 등촌동에 나가서 체험했을 때 내 간절한 소망이 뭐였었냐. 누가 나를 식단을 빠짐없이 제공해줄까. 그게 가장 큰 문제였고. 원인이었어. 그걸 못 지켰기 때문에 또 병원 생활을 하다가, 갈 데가 없어서 향유의 집에 다시 기어들어 간 거고. 여기 오니까 그런 걱정을 할 이유가 없어졌어. 아주."

"혈당 조절은 어떻게 하고 계시나요?"

"내가 많이 참는 편이다. 음식에 대한 충동. 근데 그게 힘들어. 사실 엄청 힘들어. 특히 밤에는. 밤에는 솔직히 누가 자주 안 들여 봐주면 내가 어떻게 돼 있을지 상상도 안 가. 그 정도로 힘들어하거든. 새벽 1시. 내가 계속 점검을 하고 있거든. 내 속이 뒤집어지는 시간을 매일 체크하고 있다고. 영화를 본다거나. 뭐를 입에 처넣어야 하는데. 그 먹는 거는 다음 날이면 대번에 표가 나니까. 한편으론 '먹어, 먹어, 먹어' 한편으로 '안 돼, 안 돼, 안 돼'라고 싸우는 거지."

삼촌은 당뇨약을 먹는다. 또 매일 아침 혈당 체크를 한다. 한경진 코디네이터는 수치가 120 이하가 나와야 한다고 걱정하지만, 삼촌은 150만 유지하면 된다고 큰소리를 친다. 삼촌 본인의 삶에 감 놔라 배 놔라 하는 사람들을 제일 싫어하는 듯하다.

"띠링~!"

문자 알람에 대화가 끊겼다. 광명시청에서 확진자 동선 알림 문자가 왔다.

"이놈의 코로나! 광명시청을 폭발하든지 해야지!"

문자 때문인지 차를 다 마셔서인지 삼촌은 커뮤니티센터를 나가면서 말했다.

"내일 봐!"

여기서 사는 게 영화 같으니까

박현훈 씨를 커뮤니티센터로 초대했다. 원래 2시가 좋다고 하셨는데 호영선 씨와 시간이 겹쳤고 4시로 약속을 미뤘다. 오후 4시라 나른하셨는지, 마음이 상하셨는지 최근 부쩍 큰 목소리로 말씀하곤 하던 모습은 볼 수 없었다. 테이블에 얼굴을 가까이 대고 오른쪽으로 고개를 돌리신 현훈 씨에게 질문을 시작했다.

"현훈님, 이사 오신 느낌을 한마디로 표현하신다면 어떤 말을 하고 싶으세요?"

고개를 들고 씩 웃으신 뒤 다시 엎드려 작은 목소리로 소곤거리며 이야기했다.

"표현이 좀 어려워요. 영화를 보러 가는 게 좋겠어요."
"네? 갑자기 영화를 보고 싶으세요?"
"여기서 사는 게 영화 같으니까."
"여기서 사는 게 영화 같다고요? 왜 그렇게 생각하세요?"
"그건 잘 모르겠어요."
"영화는 현실이 아니잖아요."
"현실일 수도 있죠."
"좋은 장소와 좋은 사람들이랑 있어서 영화 같다고 하신 건가요?"
"응."

도저히 현훈 씨의 목소리가 들리지 않아 얼굴을 돌린 쪽으로 자리를 옮겨 앉았다.
"현훈님, 이사 오신 뒤에 변화된 것 중에 제일 좋은 점은 무엇이라고 생각하세요?"
"깨끗해요. 더 정신이 들어. 집안이 다 깨끗해요."
"집에 오시는 선생님들은 어떠세요?"
"선생님들 다 좋아요."
"향유의 집과 다른 점은 없나요?"
"생각할 시간이 별로 없어요. 잠을 많이 자서. 밤에 잠이 많이 자서. 낮에도."

"향유의 집에서 사실 때보다 더 많이 주무세요?"

"(향유의 집에서) 새벽에도 일어났어. 깨웠어요. 원래 그래. (지금은?) 지금은 안 그래. 지금은 9시. 8시 정도에 일어나는 게 좋은 것 같아. 8시에 정신이 나."

"그럼 안 좋은 점은 무엇이라고 생각하세요?

"안 좋은 거 별로 없어요. 베란다, 커튼, 그런 거지."

"커튼이 없어서 불편하세요? 더 필요한 건 없으세요?"

"선풍기가 없는데, (에어컨이 필요한지 묻자) 넘 추워요. 더 추워질 것 같은데."

"활보지원사 선생님들은 어때요?"

"오전, 오후 시간. 어떤 게 좋은지 잘 모르겠어."

"선생님들이 잘해 주세요?"

(갑자기 큰 목소리로) "네."

평소 간식을 좋아한다는 얘기를 듣고 '홈런볼' 봉지를 뜯었다. 현훈 씨 앞에 놓아드리자 미소를 지었다.

"맛있어."

"현훈님댁에는 늘 과자가 있던데 과자 좋아하세요? 맛동산이었나?"

"맛동산이요. 정숙 아줌마가 매일 사요."

현훈님은 남정숙(가명) 씨와 함께 산다. 남정숙 씨와는 체험홈에서부터 같이 살았는데, 정숙님에 대해 어떻게 생각하는지 궁금해졌다.
"만약에 혼자 사는 집으로 이사 갈 수 있으면 가고 싶으세요?"
"혼자서 심심해서 어떻게 살아."
"그렇죠. 이번 자립 파티도 남정숙 씨와 함께하실 거예요?"
"응."

현훈님이 자립 파티에 초대하고 싶은 사람으로 아버지, 어머니, 박진주(향유의 집 직원), 성당 지인들을 꼽았다. 다른 권역의 입주민분들이 자립 파티를 시작했다는 소식과 함께 발바닥 행동에서 자립 파티 영상을 만든 것을 보여드렸다. 노트북 방향으로 고개를 쭉 내밀고 잘 보려는 듯 눈을 가늘게 뜬다. 역시나 시력이 안 좋아지셨나 보다. 안경을 싫어하시는데 어떻게 설득할지 고민이다.
"자립 파티 날짜 정할까요?"
달력을 하나하나 짚으시며

"박경아 선생님(활동지원사)하고. 팔, 구, 십, 십일일, 십이일, 십삼일, 십삼일!"
"13일 월요일에 할까요?"
"네."
"시간은요?"
"오후 세 시. 세 시, 네 시, 다섯 시, 세 시간."
"자립 파티 때 뭐 먹을까요?"
"치킨 같은 거 맛있어요. 피자, 김치."
"우리 먹기만 해요? 수다만 떨어요? 게임 같은 건 안 해요?"
"노래방 가서 춤추고 오기."
"현훈님이 부르시죠? 주인공이 불러야죠."
"하하하."
크게 웃으시는 현훈 씨의 얼굴이 재미있고 반갑다.
이제 현훈 씨는 어떤 장르의 영화를 만들어 가실지도 참 궁금하다.

기분이 더럽다

호영선 씨에게 지난 3월의 일상을 담았던 글을 읽어드렸다. 그리고 다시 3월이 되었다. 지원주택에서 한 해를 훌쩍 넘긴

요즘의 이야기를 들어보기로 했다.

"삼촌, 작년보다 좋아졌거나, 그렇지 않거나, 당뇨 관리며 뭐 달라진 것들이 있으세요?"
"자유로운 생각으로 사는 것은 일 년 전이나 변동이 없는데, 혈당에 관해서는 각종 매체에서 떠들거나 그런 것들이 관심이 많이 가지."
"향유의 집에 계실 때도 마찬가지 아니었나요?"
"그때 당시에는 그런 걸 관심을 가졌어도 내가 구매를 못 했어. 혈당조절에 대한 광고라던가, 의학 전문 매체의 방송을 들어도 그것을 내 걸로 소화를 못 했었지."
"왜 그랬을까요? 그때도 당뇨 관리하고 계셨을 텐데"
"마음을 터놓고 의논할 수 있는 선생이 없었어."
"지금도 마찬가지 아닌가요?"
"아니다. 마찬가지라고 보면 안 되는 거야."
"의논을 하고 있다는 사람이 있다고 생각하세요?"
"너잖아. 짜식. 징그럽게 웃냐."

좋은 지원자가 되고 싶다는 나의 욕심이 마스크를 넘어서 삼촌에게 전달되었나 보다. 아무튼, 오늘은 삼촌이 당뇨 관리를 위해 대학병원 진료를 다녀오는 참이었다. 지난겨울부터 삼촌은 혈당수치가 계속 높아져 대학병원 진료를 다녔고 인슐린 주사를 처방받았다. 이후에도 수치가 계속 올라 걱정이 많았는데 결국 인슐린 주사가 추가되었다고 한다.

"인슐린 주사가 하나 더 늘어났는데 심경이 어떠세요? 슬프세요?"
"슬프다기보다는 좀 더러워. 처음 갔을 때부터 '이런 식으로 잡아 나갑시다' 하면 좋았을 텐데... 오늘 네 번째인데, 세 번 갈 동안은 그런 이야기가 없다가 오늘 벌컥 그런 처방을 내리니까 기분이 더럽잖아."
"혈당이 높아지니까 약도 늘어난 게 아닐까요?"
"처음에 갔을 때나 지금이나 똑같아. 내 상태는 더 나빠진 게 아니다. 그러면 초창기에 그걸 잡기 위한 처방을 해줬으면 약에 의존해서라도 내가 관리를 했을 텐데 갑자기 그런 이야기를 하니까 기분이 더러워."
"기분이 안 좋으셨겠네요. 앞으로 어떻게 관리하실 계획이세요?"
"우선은 닥터 처방에 따르면서 내 식이요법을 조절하면서 이겨 봐야지. 간식을 조절한다거나 공복 상태에 무엇을 먹어야 그게 안정적으로 잡히는지 연구해 봐야 하구..."
"음식 정보나 전문가를 소개해 드릴까요?"
"한 번 찾아서 알려줘 봐."

사실 당뇨 관리에 좋은 음식이 무엇인지, 어떻게 식사 조절을 해야 하는지는 오랫동안 당뇨를 직접 겪고 있는 본인이 더 잘 알 것이다. 정보가 있어도 매일같이 실천하는 것은 동기나 목표가 없다면 참 어려운 일일 것이다. 나도 20년 동안 다이어트와 지는 싸움을 하고 있으니까. 당뇨 이야기가 길어진다는 것은 즉 나의 잔소리가 시작되는 것이다. 화제를 돌리려고 했지만, 또 다른 잔소리 소재와 만났다. 삼촌이 일상에서 즐거움을 찾길 간절히 바라왔다. 선우빌 입구 재떨이 옆만 지키는 삼촌이 아니라 저녁 늦게까지 온 동네를 누비느라 활동 지원 시간이 부족하다고 열을 내는 삼촌의 모습을 늘 상상해 왔다.

"삼촌, 봄도 되었는데 이제 진짜 변화를 꾀할 때가 된 것 같아요! 아까 저한테 오류동 지도는 왜 보여 달라 하신 거예요?"
"그 동네도 접수해 보려고. 갑자기는 아니고 처음에 와서부터 생각하던 건데... 최근에 그 동네가 궁금해졌어. 여기는

다 마스터를 해가지고 특별한 장소니, 특별한 가게니, 이런 게 새로운 것이 없어. 예를 들면 처음에는 담배를 사도 꼭 길 건너 편의점만 갔는데, 지금은 따로 구매하는 데가 있어. 오류역 쪽으로 가다 보면 반석 귀금속이라는 데가 있어. 거기 가면 서비스도 괜찮고 나를 대하는 행동도 괜찮아. 마음에 드는 가게가 생겼다. 반석 귀금속 앞에 보면 마이유마트라고 있다. 내가 조금만 움직이면 거기 가서 물건을 구할 수가 있다. 내가 필요한 물건을."
"삼촌 장도 보시고 하세요? 담배 말고 어떤 걸 주로 사세요?"
"담배, 야식 및 간식. 과일가게는 요 앞에 있고. 고기 종류가 필요하면 요기 반찬가게 앞에 가면 정육점 있고. 돈만 있으면 여기서는 다 구할 데가 있어."
"가야겠다고 생각한 곳이 있어요?"
"몇 군데 알아볼 데가 있어. 말은 못 해. 창피하니까. 행복이나 즐거움이라기보다는 원활한 생활을 위해 가끔 필요한 일이야!"

동기가 무엇이든 삼촌의 활동처가 넓어져 가는 것은 기쁜 일이다. 이왕이면 나도 함께 갈 수 있는 곳이면 좋겠다. 삼촌과 자주 만나자고 졸라야겠다. 커뮤니티센터를 나서는 삼촌에게 마지막 잔소리를 했다.

"주사를 하루에 몇 번을 맞아야 하는 거예요? 배에 구멍이 더 많아지겠네요!"

"야, 안 그래도 음료수를 먹으면 배에 뚫린 구멍으로 질질 샌다. 아주!"

위기 청년을 위한 지원주택

장근우

거리에서 생활하고 있거나 노숙인 시설을 이용하고 있는 청년이 있다. 고시원, 쪽방 등 정상적인 거처라고 보기 어려운 곳에서 생활하는 청년 중에도 매우 불안정한 상태에서 노숙에 이를 위기에 처한 이들이 있다. 청년들이 이런 상황에 오래 방치되는 것은 사회적으로 바람직하지 않다. 이러한 문제에 대응하기 위해서 희망나무는 청년 지원주택 사업을 시작했다.

청년 지원주택 입주자 중에는 서울역과 영등포역 등에서 노숙을 하거나 노숙인종합지원센터나 일시보호시설 등을 통하여 노숙인을 위한 지원을 이용해 본 경험이 있는 이들이 있다. 열악한 고시원이나 쪽방 등에서 생활한 이들 중에서 이런 거처도 유지하지 못할 위기에 처한 이도 있다. 그들은 대부분 친구나 선·후배 등의 집에서 생활한 경험이 있었고, 아동기에 보육시설에서 생활했던 이도 다수 있다.

젊어서 고생은 사서도 한다는 말은 사실이 아닌 경우가 많다. 어린 시절부터 여러 가지 어려움에 노출된 이들 중에는 자립에 필요한 능력을 기를 기회를 충분히 얻지 못한 경우가 많다. 가족 등의 지지 체계가 없는 상태에서 사회에서 자기 자리를 잡는 데 어려움을 겪는다. 그들이 처한 상황은 위험한 경우가 많고, 이용당하기도 쉽다.

청년 지원주택 사업은 공동모금회의 지원을 받아서 시작했다. 노숙을 경험했거나 노숙 위기에 있는 청년에게 안정적인 주거와 독립적 생활을 유지하기 위해서 필요한 지원 서비스를 제공하는 사업이다. 청년들은 지원주택에서 자립 생활에 필요한 역량을 강화하고 보다 안정적인 생활로 옮겨갈 것이라고 기대된다. 초기 정착을 위해서 주거비의 일부와 생활에 필요한 물품 지원을 하여 기본적인 생활을 시작할 수 있게 한다. 이후 취업이나 생활과 관련한 상담을 하고, 지속적인 사례관리를 통해서 청년들이 독립적인 생활을 유지하는

데 필요한 도움을 제공한다.

조금씩 회복되는 삶

지원주택에 입주하기 전 안명호(가명) 씨는 노숙인자활시설에서 살았다. 그곳에서는 제일 젊은 편이었다. 노숙인시설에는 지역사회에서 자기 집을 구하지 않고 계속 시설에서 거주하려는 이들이 많다. 이런 분위기에서 계속 생활하는 것은 바람직하지 않다고 생각했다.

그는 갓난아기 때 입양이 되었고, 그 사실을 고등학교 3학년 때 알았다. 대학 2학년을 다니다가 자퇴하고 군대에 갔다. 제대한 후 가족들과 갈등이 잦았다. 카드빚 문제도 생겼다. 결국 부모는 파양했고, 집을 나왔다.

집을 나올 때 수중에는 돈이 한 푼도 없었다. 방황이 길었던 탓에 연락할 친구도 없었고, 친척들의 도움도 받을 수 없는 상황이었다. 거리를 배회하다가 집에서 멀지 않은 공원에서 며칠간 노숙을 했다. 그러던 중 경찰의 도움으로 서울역의 노숙인 일시보호시설을 알게 되었고, 그곳을 통해서 노숙인자활시설인 희망나무로 입소하였다.

시설 입소 당시 그는 심각한 우울증과 대인기피증이 있는 것으로 보였다. 신용불량으로 어려움도 겪고 있었다. 입소 후 정신건강의학과에서 치료를 받으면서 심리적 안정을 되찾기 시작했다. 대인기피증 때문에 취업은 쉽지 않았다. 낮에 일할 곳은 구하지 못하고, 대리운전을 꾸준히 했다. 안정적 소득이 생기면서 저축도 시작하고 신용회복 절차도 추진하였다.

치료와 일자리 다음으로 주거를 확보하고자 했다. 매입임대주택 입주를 목표로 했으나, 신용 문제가 해결되지 않은 상태라 어려웠다. 그래서 희망나무에서 운영하는 지원주택 입주를 신청하게 되었다.

지원주택에서 처음으로 독립적으로 생활하기 시작했다. 우울증이나 불안함은 훨씬 줄어들었다. 대인기피증 증상도 사라지면서 패스트푸드점에 취업하게 되었다. 이제는 체인점을 창업하겠다는 목표도 생겼다. 이를 위해 기술도 배우고 저축도 하고 있다. 신용회복위원회의 지원을 받으면서 채무를 변제하는 중이다. 생활이 안정되면서 소원했던 친구들과의 관계도 회복되었다. 최근에는 친구들과 여행을 가기 위해 적금도 넣고, 함께 맛집을 다니기도 한다. 지원주택에서 삶 전체가 회복되고 있다.

노숙 위기에서 만난 지원주택

이현우(가명) 씨는 가정폭력 때문에 학교에 가기 전에 보육원에 맡겨졌다. 아동기와 청소년기 대부분을 보육원에서 보냈다. 고등학교 졸업과 동시에 시설을 나왔다. 2년 동안 홀로서기는 쉽지 않았다. 보육원을 나오면서 청년을 대상으로 하는 전세임대주택과 매입임대주택을 신청했는데, 추첨에서 탈락했다. 자립지원금과 후원금을 받은 것으로 원룸을 구했다. 직장을 구했으나 열악한 근로환경과 과도한 업무로 퇴사했다. 다시 아르바이트하면서 구직 활동을 했다. 아르바이트로는 비싼 임대료와 생활비를 감당하기 힘들었다. 결국 임대료를 체납하고 원룸에서 쫓겨났다. 그 후 지인의 집과 고시원 등에서 생활했다. 불안정한 생활 때문에 구직은 더 어려워졌다. 상황은 점점 악화돼 노숙을 할 위기에 처했다. 그런 상황에서 보육원의 자립전담요원과 연락이 되었고, 청년 지원주택에 대한 이야기를 듣고 신청하였다.

지원주택 입주 초기 현우 씨는 상담에서 우울, 불안 등 심리적으로 불안정한 모습을 보였다. 스스로 계획을 세우고 결정하는 것을 두려워했다. 안정적으로 정착하는 것과 함께 심리적 안정을 찾도록 도왔다. 여러 차례 사례관리를 위한 상담을 하는 동안 조금씩 안정을 찾아갔다.

자립 생활을 위해서 스스로 관리하는 능력을 기를 필요가 있다고 판단했다. 주거 유지를 위해서 해야 할 일과 금전 관리에 대해 교육을 했다. 심리적 안정과 함께 대인관계의 어려움이 줄어들었고, 적극적으로 구직 활동을 지원했다. 현재는 직장에서 원만한 관계를 유지하고 있다. 친구들과 관계도 회복되었다. 요리 훈련이나 운전면허를 따는 것도 계획하고 있다.

지원주택 입주 전 청년들의 경험

시설에 장기간 생활하는 것은 자립 생활에 도움이 되지 않을 수 있다. 시설에서는 자립 생활에 필요한 능력을 개발할 기회가 충분히 제공되지 않으며, 오히려 그런 능력을 위축시킬 수도 있다. 노숙인시설의 경우 입소하면 생활필수품 지원, 개인별 상황에 따라 의료 연계, 구직 지원, 일상생활에 대한 상담 등이 이루어진다. 잠자리와 식사, 의복까지 무료로 제공된다. 이런 지원은 삶을 회복할 기회가 될 수 있다. 이를 토대로 이용자는 지역사회로 재정착할 수도 있지만, 그렇지 않은 예도 있다.

지원을 받는 생활에 익숙해지면 스스로 비용을 지불하고 관리해야 하는 자립 생활이 부담스럽게 여겨지기도 한다. 이를 시설 생활의 만성화라고 부르기도 한다. 같은 종류의 지원이라도 어떤 사람에게는 도움이 되고, 다른 사람에게는 그렇지 않을 수도 있는 것이다.

아동 시설의 경우 자립생활을 간접적으로 경험할 기회가 부족하다. 그래서 시설을 나오면 집을 구하는 것에서부터 돈이나 시간, 생활 관리에 이르기까지 어려움을 겪곤 한다. 시설의 획일화된 프로그램은 개인의 성장을 지원하기에 적절하지 않다. 제약된 환경에서 정해진 규칙에 따라서 생활하는 것에 익숙해진 경우 제약이 없어진 상황에서 어려움을 느끼기도 한다. 스스로 결정하고 선택하고 문제를 해결해가는 기회는 충분하지 않기 때문이다.

시설을 나오면서 공공임대주택에 입주하기를 원하는 이들이 많다. 하지만 퇴소하면서 누구든 공공임대주택에 입주할 수 있는 상황은 아니다. 그래서 더 높은 비용을 지급하면서 민간에서 거처를 구한다. 소득이 낮아서 매우 열악한 거처를 감내하기도 하고, 거처를 유지하는 데 어려움을 겪기도 한다.

가족과 지내는 것에 어려움이 있어서 일찍 자립하는 이들 중에도 어려움을 겪는 경우가 많다. 독립한 이후에도 지지 체계가 없는 이들은 더 큰 어려움을 겪기도 한다. 직장에서 부당한 대우를 당할 때 도와줄 사람이 아무도 없으면 자기 권리를 주장하지 못할 수 있다. 일상생활에서 조언을 구하고 의지할 곳이 없어서 당면한 사안을 해결하지 못하고 더 심각한 문제가 되기도 한다.

이렇게 고립된 청년 중에는 심각한 불안과 우울증 증세를 보이는 경우도 있다. 트라우마 경험 때문에 다른 사람을 신뢰하지 않고 대인관계에 자신감이 없는 이도 있다. 자존감이 낮아진 상태에서 무기력한 모습을 보이기도 한다.

스스로 문제를 해결하는 힘

희망나무의 청년 지원주택에서 입주자는 안정적인 주거를 기반으로 일상을 회복해가기 시작한다. 지지를 받으면서 여러 가지 과제에 하나씩 대응해 가고, 그러면서 스스로 문제를 해결하는 능력도 향상된다. 주거와 함께 일자리도 안정되면 심리적 자신감도 커지고 사회적 관계의 폭도 넓어지는 변화를 확인할 수 있다.

입주 초기에는 주거와 자립 생활 유지를 위한 지원에 대한 필요가 상대적으로 크다. 해결 방법을 모르면 담당자가 알아서 해결해 주기를 기다리는 경우도 있다. 1년 정도 시간이 지나면서 큰 변화가 있었다. 문제를 해결하기 위해서 적극적으로 도움을 요청하거나 대응 방법에 대한 조언을 구하기도 한다. 인터넷을 탐색해서 직접 해결책을 찾기도 한다. 어떤 문제가 생겼을 때 대응할 수 있는 역량이 커진 것이다.

청년 지원주택은 영구적인 것이 아니다. 스스로 안정적인 주거를 유지할 수 있고 독립적으로 생활할 수 있는 역량을 갖추면 더 필요가 없어진다. 미처 그런 기반을 갖추지 못한 청년들에게 성장의 기회를 제공하는 역할을 하는 것이 지원주택이다. 노숙하고 있거나 노숙에 이를 위기에 있는 청년들은 이런 기회를 누려야 할 필요가 있다.

희망나무의 청년 지원주택은 공동모금회가 지원하는 3개년 사업이다. 그사이에 현재의 입주자들은 기반을 잡아갈 것이라고 기대한다. 그렇다고 사례관리가 종료될 시점에 입주자들이 모두 안정적으로 생활할 수 있을지에 대한 우려가 전혀 없는 것은 아니다. 어떤 지원을 얼마나 제공할 것인지는 개인에 따라 달라지고, 자립 생활에 필요한 능력을 갖추는 과정이나 필요한 시간도 모두 다르기 때문이다. 개개인의 필요에 맞게 지원할 수 있는 체계가 앞으로 갖추어지기를 바란다. 위기를 경험하고 있는 청년들을 위한 안정적인 지원 체계를 갖추는 과정에, 희망나무 청년 지원주택 경험이 도움이 될 수 있을 것이다.

자립생활이 만들어낸 변화

하창수

인간은 사회 안에서 학습과 다양한 경험의 축적을 통해 성장하며 성숙한 인간이 된다. 하지만 시설에 거주하고 있는 대부분의 장애인은 사회와 단절된 채 독립을 준비할 충분한 기회를 얻지 못하고 있다. 현재 우리나라의 장애인 복지정책은 지역사회로부터 분리되어 시설에서의 수용과 보호 중심으로 이루어지고 있다. 사회와 분리된 삶으로 인해 발생하는 문제를 제대로 대응하지 못하고 있다고 생각된다.

2010년 장애인복지법이 개정되어 장애인거주시설의 최저서비스 기준이 정립되었다. 이로 인해 서비스 계약서 작성과

시설의 규모 축소 및 인권지킴이단 활동이나 인권 교육을 하는 등의 변화가 추진되었다. 하지만 이런 조치에도 불구하고 시설의 인권 문제는 완전히 사라지지 않고, 여전히 장애인 개인별 서비스가 보장되기는 어려운 실정이다. 지역사회에서 생활할 기회가 권리로 보장되고 있다고 말할 수 없다.

시설은 장애인이 지역사회에서 자립할 수 있도록 체계적인 지원을 하는 것에서 정당성을 찾을 수 있다. 장애인이 시설에서 더 생활하고 싶지 않을 때는 언제든 지역사회로 돌아가서 생활할 수 있어야 한다. 하지만 그동안 시설이 이런 역할을 적극적으로 해왔는지 의문이 든다.

시설에서 생활하던 장애인이 시설을 나와 지역사회에서 살아가고자 자립 의사를 밝혔을 때 누구보다 당사자를 적극적으로 지지할 것이라고 기대되는 가족이 역설적이게도 강하게 자립을 반대하기도 한다. 가장 큰 문제는 장애인 자립 생활에 필요한 지역사회의 지원 체계가 부실하기 때문이고, 그 부족을 가족이 채워야 할 것으로 판단하기 때문이다. 장애인의 지역사회 자립 생활 여건이 개선되어야 이런 부담이 줄어들 수 있다. 그래야 장애 당사자의 가족들도 장애인의 자립을 응원할 수 있을 것이다.

장애인자립생활 지원체계 마련을 위해서는 여러 가지 변화가 있어야 한다. 첫째, 장애인 누구에게나 지역사회에서 돌봄을 받을 권리가 실질적으로 보장되어야 한다. 둘째, 장애인을 포함한 전체 수급권자에 대한 부양의무자 기준이 일부 완화되었지만, 완전히 폐지되어야 경제적 어려움에 대한 걱정 때문에 자립 생활을 선택하지 못하는 경우가 줄어들 것이다. 셋째, 지역사회에서 이용할 수 있는 장애 유형에 맞는 자립생활센터 등 다양한 인프라가 더 확대되어야 할 것이다. 마지막으로 가장 중요하다고 생각되는 것은 지역사회의 태도와 인식에도 변화가 필요하다. 자립 주택을 확보하는 과정에서 일부이기는 하지만 장애인이 주택에 입주하는 것을 반대하는 지역 주민들이 있었다. 장애인이 주택에 들어올 것이라는 소문을 접한 주민들은 반대하는 현수막을 내걸었다. 관계 기관에 여러 차례 민원을 신청하고 편의시설 공사를 못하도록 차량으로 입구를 막기도 했다. 결국, 법원의 결정문을 받고서야 공사를 할 수 있었다. 입주 이후에도 주민들과 마찰을 피하려고 밤에 몰래 이사를 해야 했고, 뒤늦게 이를 알게 된 주민들이 전기를 끊는 일도 있었다. 시간이 지나면서 관계가 나아지기는 했다. 하지만 장애인도 같은 사회구성원이라는 생각을 하지 못하는 근본적인 문제의 해결 없이는 이들의 예기치 않은 차별은 언제든 직면하게 될 수 있음을 확인했다.

지역사회의 돌봄을 받는 것

장애인거주시설에서 생활하던 중증장애인 9명이 자립 주택으로 이주하는 것을 선택했다. 그중 한 명이 서영준(가명) 씨다. 어린 시절 부모는 생계 부양을 위해 발달장애를 가진 그를 혼자 집에 남겨 두어야 했고, 혼자 집에 남은 그는 자주 집을 나가서 길을 잃어버렸다. 어느 날 서 씨는 아주 먼 곳까지 갔다. 그의 시설 생활 시작은 신원이 확인되지 않은 그 날부터 장애인시설에서 시작되었다. 의사소통이 어려워서 이름도 확인하지 못했고, 시설에서 호적을 만들었다. 그때 만들어진 이름으로 15년간을 살았다. 어느 날 우연히 신원이 확인되어서 가족과 이름을 되찾았다. 하지만 어머니는 수급권자였고, 서 씨를 데리고 나가 보호할 수 없었다.

자립 주택에 입주한 서 씨는 여전히 야간에 집을 나가곤 했다. 하지만 지금은 지역 주민들이 서 씨를 발견하면 자립 주택까지 데려다주거나 담당 사회복지사에게 연락한다. 이런 일이 반복되면서 3개월 정도 지나자 인근 주민 대부분이 서 씨와 자립 주택에 대해 잘 알게 되었다. 서 씨는 자연스럽게 주민들의 관심과 돌봄을 받으며 생활하고 있다. 담당 사회복지사도 서 씨가 길을 잃어버리는 것에 대한 걱정이 줄었다. 자립에 반대했던 어머니도 이제는 아들을 자주 방문해 만나며 주민들과 같이 살아가는 아들을 보면서 안심하게 되었다. 그동안 아들에 대해 느끼던 죄책감과 부담도 내려놓을 수 있게 되었다고 한다. 장애인 자립 생활의 중요한 자원은 지역사회에 있었다.

가족의 변화

뇌병변장애를 가진 김병철(가명) 씨는 25년 전 이유도 모른 채 장애인거주시설에서 생활하기 시작했다. 자립 생활에 대한 의지로 25년 만에 시설을 나와 자립 주택에 입주했다. 2018년 당시 장애인거주시설운영지침에 따르면 자립이나 퇴소를 하려면 직계가족의 동의가 있어야 했다. 그동안 거의 김 씨를 찾지 않은 가족의 동의를 받기 위해 빛바랜 면회기록 대장에서 연락처를 확인하고 수십 차례 연결을 시도했지만 실패했다.

그러던 어느 날 전화가 왔다. 김 씨의 어머니는 치매를 앓고 있었다. 가족을 확인하고 김 씨는 어머니를 찾아갔다. 25년 만에 만난 아들과 어머니는 하염없이 눈물을 흘렸다. 자립 주택에서 지내고 있는 김 씨를 어머니와 친척들이 종종 찾아온다. 김 씨는 어머니와 연락하기 위해 자립 주택 코디네이터의 도움을 받아 휴대폰을 개통했다. 화상통화로 어머니와 자주 얼굴을 보면서 이야기를 한다.

이자영(가명) 씨도 이유도 모른 채 장애인거주시설에서 35년을 보냈다. 어려서 시설에 입소한 그는 지적장애가 있었다. 시설에서 다른 지체장애인을 도와주면서 지냈다. 이 씨는 자립을 위해 한 달간 자립 생활 체험 프로그램에 참여했다. 체험홈 초기에는 눈치를 보며 불안해하기도 했다. 하지만 자신이 하고 싶은 것을 하나씩 경험해 나갔다. 자립생활 체험 프로그램을 마치고 시설로 복귀할 때에는 자립하기를 원했다.

자립에 대한 직계가족의 동의를 구하기 위해서 연락을 취했다. 자립 주택 입주 2주 전에 어머니와 연락이 닿았다. 어머니는 완고하게 딸의 자립을 반대했다. 앞으로의 생활을 책임져야 한다는 부담 때문이었다.

딸이 자립한다는 전화를 받고 밤새 불안해하던 어머니는 이른 아침에 시설로 찾아왔다. 이 씨는 어머니 앞에서 눈치를 살피며 고개를 숙이고 자신의 자립 의사를 대답하지 못했다. 사회복지사의 설명에도 어머니의 태도는 달라지지 않았다. 결국, 모든 발달장애인은 본인의 의사에 따라 자기 권리를 보장받을 수 있다는 법률을 설명했고, 그제야 어머니는 자립 동의서에 서명했다. 이 씨는 여전히 어머니 눈을 제대로 보지 못했고, 어머니는 사회복지사를 원망하듯이 보았다.

자립 주택에서 이 씨는 활동지원사와 사회복지사의 도움을 받으면서 살고 있다. 그렇게 반대하던 어머니가 밑반찬을 만들어 집을 찾아온다. 자립해서 생활하는 모습을 보고 어머니의 마음도 가벼워지는 듯하다.

자립이 만드는 변화

자립주택에 입주한 사람들은 대체로 자립주택 입주 후 표정이 달라졌다. 시설 생활과는 다른 것이 있기 때문이다. 독립적으로 생활하는 것이 쉬운 것만은 아니지만, 자신만의 공간을 갖고 스스로 선택한 삶을 살아가는 것은 여러 가지 주목할 변화를 만든다. 시설에서는 자신의 의사를 거의 표현하지 못했는데, 자립생활을 하면서 의사 표현이 많이 늘어난다. 활동량이 증가하고, 경험이 양적으로 증가하고 다양해진다. 건강이 호전되어 기존에 복용하던 약을 줄이는 경우도 있다. 조금 늦었지만, 사회 안에서 학습과 다양한 경험을 쌓으며 조금 더 성장하고 있다.

자립 주택을 확보해서 입주할 때까지 반기지 않던 이웃들의 태도에도 변화가 있었다. 자립해서 생활하는 장애인들의 모습을 직접 보고 익숙해진다. 지역사회에서 함께 사는 방법도 익히게 된다. 마지막까지 반대하던 당사자의 가족들도 자립해서 생활하는 모습을 보고는 자립생활이 가능하다는 것을 믿게 된다. 그런 과정을 거치면서 단절되었던 관계도 회복되고 가슴속 응어리도 풀리기 시작한다.

지역사회 자립생활의 여건은 자립하는 사람들이 나오면서 만들어지기 시작하는 듯하다. 장애인자립생활지원센터는 자립생활에 필요한 다양한 자원을 연결하는 역할을 했다. 야간학교에 다니고, 주간보호센터에서 전문적인 돌봄을 받을 수 있게 도왔다. 발달장애인지원센터의 권리 옹호 지원도 시작되었다. 당사자의 변화를 통해서 사회복지사의 사명이 무엇인지를 분명히 확인하게 된다. 자립한 당사자들이 만들어 낸 변화이다.

집 없이 시작한 지원주택 사업과 작은 기적들

장현우

사회복지사로서 처음 한 일이 지원주택 모델화 사업이다. 이 일을 하는 것은 정말 보람차다. 그리고 보람찬 만큼 힘들다. 지원주택 사업을 하려면 우선 집이 있어야 하는데, 주택이 확보되지 않은 상태에서 사업을 시작했다. 그래서 기존 거처에서 주거 안정을 지원하는 방식으로 1차년 사업을 진행했다. 사업 취지에 부합하지 않는 사업을 하는 것이 아닌지 의구심도 들었다. 그래서 더 발품을 팔았다. 부동산에 무작정 찾아가 사업을 소개하고, 지역신문을 수시로 찾아보며 저렴한 거처를 찾았다. 이러한 노력 끝에 조금씩 사업의 모양이 잡혀갔다.

원주는 서울에 비하면 집을 구하기가 쉽다. 100만 원 전후의 보증금만 있으면 저렴한 월셋집은 마련할 수 있다. 그러나 100만 원도 없어서 여인숙이나 모텔을 전전하는 이들도 있다. 당장 생활을 해결하기 위해서 목돈을 모으지 못하는 것이다. 거처를 구하지 못해서 노숙하는 경우도 있다.

이들의 삶은 아주 약간의 정보와 복지 서비스 투입만으로도 크게 달라지기도 하는 것을 보았다. 주택을 구하기 위해서 정보를 같이 찾아보고 약간의 복지 지원을 통해서 미래를 준비할 수 있게 되는 것만으로도 불행한 삶의 악순환 고리는 풀려버렸다. 이렇게 간단한 지원만으로 변화를 만들 수 있는데, 왜 지금까지 불행한 삶을 방치했던 것일까?

자립할 의지가 있을까 의심했어요

유동 인구가 많은 중앙시장 거리에는 오랫동안 노숙을 하던 사람이 있었다. 유동균(가명) 씨는 매일 폐지 수집으로 버는 만 원으로 끼니를 겨우 해결했고, 노숙인 시설은 이용하지 않고 길거리에서 잠을 잤다. 혹시 스스로 노숙하기를 선택한 것은 아닐까 하는 생각도 들었다. 복지관에서 만나서 이야기하기로 하고 약속을 잡았다. 핸드폰이 없어서 그사이에 연락을 할 수가 없었다. 약속 시각에 나타나지 않을 수도 있다는 생각이 들었다. 자립 생활에 대한 의지가 있을지에 대한 의심이 가시지 않았기 때문이다. 그런데 그는 정확한 시간에 맞춰 나타났다. 이후에도 약속 시각을 철저하게 지켰다. 그는 자기 집을 구해서 살기를 원했다.

우리는 당장 확보된 주택이 없었다. 당장은 날이 추우니 노숙인시설에서 생활할 것을 권했으나, 그는 생활의 자유를 침해받을 바에는 추운 길거리가 더 낫다고 했다. 무척이나 추운 때였다. 자립할 의지가 없어서가 아니라 자기가 결정하는 삶을 지키기 위해서 거리를 선택한 것이었다. 의심은 사라지고 책임감은 커졌다. 급한 대로 거처를 마련하기로 했다. 선호하는 주거지를 물었더니 폐지 줍는 중앙시장에서 멀어지지 않기를 원했다. 다행히도 시장 근처에서 조건에 맞는 곳을 찾았다. 집주인을 찾아가 사정을 했다. 계약금도 없이 먼저 집부터 내달라고 했으니 집주인 입장에서는 어처구니가 없었을 것이다. 사정을 설명하고 오랜 시간 설득을 해서 집을 마련했다.
거처를 확보한 이후에는 신속하게 일을 추진했다. 스스로 생활에 필요한 물건들을 차곡차곡 갖춰 나갔다. 월세계약서를 작성한 뒤 긴급생계비를 신청하고 그 돈으로 월세를 납부했다. 장기적으로 월세 부담을 없애기 위해서 주거급여를 신청했고, 지금은 주거급여를 받아서 주거를 유지하고 있다. 종종 그 집 앞을 지날 때면 폐지가 실린 수레를 보곤 한다. 아마 집에서 따뜻한 식사를 하시겠구나 생각한다.

『유동균 씨 집 앞 손수레』

지원주택 모델화 사업이 아니었으면 아마 이런 일을 하려고 생각하지 않았을 것이다. 당사자를 찾아가서 이야기를 나누고 같이 방법을 찾았다. 이미 존재하는 긴급복지지원과 주거급여를 신청하고, 발품을 팔아 저렴한 주택을 찾아서 계약하는 것을 지원하는 정도의 일을 했다. 이것으로 큰 변화가 일어났다. 노숙인에게 집에서 생활할 수 있게 지원하는 것이 불가능한 일이 아니었다. 많은 자원이 아니라 이미 이용할 수 있는 복지 프로그램에 대한 정보를 제공하고 그것을 쫓아갈 수 있게 안내하는 것이 필요했다. 굳이 하나 보태자면 긴급생계비를 신청하고 지원을 받을 때까지 참여자와 집주인 사이에서 믿고 기다려 달라고 부탁을 해서 빈틈을 메우는 역할을 한 것 정도였다.

지원주택이 만드는 극적인 변화

집을 확보하기 위한 노력을 계속했다. 싼 집을 찾는 일은 쉽지 않았다. 그러던 중 우연히 들어간 부동산에서 한 줄기 희망이 보였다. 밥상공동체종합사회복지관에서 왔다고 하니 허기복 관장님을 잘 안다며 자신이 직접 소유하고 있는 집을 내어줄 의향이 있다고 했다. 그렇게 복지관에서 멀지 않은 곳에서 3호의 주택을 확보했다. 1호는 바로 입주가 가능한 상태였고, 나머지 2호는 전체적으로 집수리를 해야 하는 상황이었다.

제공할 수 있는 집이 생기면서 자신감이 붙었다. 사업을 하면서 원주시 중앙동 행정복지센터와 교류가 잦아졌다. 중앙동은 원주역 주변으로 여인숙과 모텔이 많고 주거가 취약한 이들도 집중해 있는 지역이다. 중앙동과 협력해서 당장 도움이 필요하고 집중적인 사례관리가 필요하다고 여겨지는 두 명을 선정하여 지원주택에 입주하도록 했다. 두 사람 모두 여인숙과 모텔에서 30만 원의 비싼 달세를 내고 있었고, 알코올 문제가 있어 일상생활을 유지하는 데 어려움이 있었다.

지원주택으로 이사한 이후 그들의 삶은 크게 달라졌다. 스스로 건강을 생각해서 병원을 다니고 있고, 불가능할 것이라고 여겨지던 술과 담배를 스스로 줄이는 변화가 나타났다. 기적 같은 일이었다. 여인숙 방에서 가만히 누워 천장을 바라보며 눈물만 흘리던 사람이 지금은 연신 고마움에 눈시울이 젖은 채 행복한 미소를 짓는다. 주거환경이 나아지고 안정을 찾으니 생활이 완전히 변하는 것을 목격했다. 그들이 살던 중앙동에는 여전히 열악한 주거환경에서 일상을 술로 보내는 이들이 많다. 그들의 삶도 변화할 수 있을 것이다. 지원주택을 통해서 해야 할 일이다.

하늘이 내려준 천사

지원주택 모델화 사업을 통해서 동네지킴이 김순옥 씨를 만난 것은 행운이다. 사업 참여자들을 지원하기 위해서 지역주민을 조직하고자 동네지킴이라는 말을 썼는데, 김순옥 씨는 말 그대로 동네는 지키는 사람이었다.

원룸을 운영하는 건물주인 그는 어려운 주민의 사연을 듣고는 아무 것도 따지지 않고 세입자로 받아주었다. 월세가 장기간 밀려도 세입자 편에서 지지하고 격려한다. 식사가 부실한 이들에게는 반찬을 나누기도 한다. 거동이 어려운 사람과 병원을 같이 가기도 하고, 정서적 지원을 위해 차를 같이 마시거나 외부로 함께 드라이브를 가기도 한다. 도움이 필요하다고 판단되면 행정복지센터나 복지관에 지원을 요청하고, 어떻게 돕는 것이 좋을 지 자주 의논한다. 지원주택 모델화 사업보다 먼저 김순옥 동네지킴이가 비슷한 일을 하고 있었다.

최근에는 중앙동 행정복지센터에서 조현병 증상이 있는 노숙인을 이 건물에 소개했다. 수급비가 모두 끊긴 상황에서 당장 생활할 곳이 없었고, 김순옥 동네지킴이 말고는 떠오르는 대안이 없었다. 언제나 그랬던 것처럼 따뜻한 마음으로 맞아주었다. 미납된 월세는 신경 쓰지 않고 식사 상태와 조현병 증세 관리에만 집중할 수 있게 해주었다. 정신병원 입원을 거부하는 참여자를 공감해주었다. 한 번은 조현병 증세가 심해져서 밤늦게 다른 세입자와 분쟁이 생기고 경찰이 찾아오는 소동도 있었다. 이런 상황을 버텨내고 결국 증세가 호전되고 안정을 찾아갈 수 있었다. 그는 할 수 있는 것은 다 해봐야 한다고 말한다. 이런 열정은 하늘에서 내려준 천사라고 생각될 정도이다. 정말 보면 볼수록 대단하고 감사한 분이다.

『동네지킴이 김순옥씨』

어떻게든 되겠죠

지원주택 모델화 사업은 거처를 유지하지 못해서 생존을 위협받고 있는 원주시의 가장 취약한 이들을 만나는 일이다. 버거울 때도 있다. 하지만 김순옥 동네지킴이, 주택을 제공해준 대흥부동산 사장님처럼 사업을 진행하면서 맺어진 인연들과 언제나 든든한 밥상공동체의 지지에 힘입어 사업을 이어가고 있다.

사업을 논의하면서 자주 하는 말이 있다. "이젠 저도 모르겠어요. 어떻게든 되겠죠, 뭐." 직접 해보기 전에는 기대하기 어려웠던 일이 계속 일어나고 있다. 일이 피곤하고 두려울 때도 있다. 이럴 때는 생각을 접어두고 일단 부딪혀 볼 필요도 있다. 앞으로도 아마 이제까지 해오던 것처럼 일단 일을 벌이게 될 것이다. 그러면 지금까지 그랬던 것처럼 어떻게든 잘 되겠지?

지원주택 사람들

초판 1쇄 인쇄 2021년 9월 6일
초판 1쇄 발행 2021년 9월 13일

엮은이 서종균
지은이 김혜정 외 14인
펴낸이 노수현
디자인 정나영 (@warmbooks_)

펴낸곳 마음대로
등 록 제2018-000139
주 소 서울시 중구 세종대로 19길 16 성공회빌딩 별관 302호
이메일 nsoo102@naver.com

가 격 11,000원
ISBN 979-11-964729-4-8